Advaita Vedānta

Arvind Sharma

ADVAITA VEDĀNTA

Erfahrung der absoluten Einheit

Aus dem Englischen übersetzt von
Stephan Schuhmacher

Lotos

Die Originalausgabe erschien 2004 unter dem Titel »Advaita Vedānta. An Introduction« im Verlag Motilal Banarsidass Publishers, Delhi, Indien.

FSC
Mix
Produktgruppe aus vorbildlich bewirtschafteten Wäldern und anderen kontrollierten Herkünften
Zert.-Nr. SGS-COC-1940
www.fsc.org
© 1996 Forest Stewardship Council

Verlagsgruppe Random House FSC-DEU-0100
Das für dieses Buch verwendete
FSC-zertifizierte Papier *EOS*
liefert Salzer, St. Pölten.

1. Auflage 2006

Lotos Verlag
Lotos ist ein Verlag der Verlagsgruppe Random House GmbH.

ISBN-10: 3-7787-8186-3
ISBN-13: 978-3-7787-8186-9

Schutzumschlaggestaltung: HildenDesign, München,
unter Verwendung einer Illustration von Klaus Holitzka/
Artwork Walter Holl, Aachen
Gesetzt aus der Janson bei Leingärtner, Nabburg
Druck und Bindung: GGP Media GmbH, Pößneck

Inhalt

Vorwort

Die bereits in der Bibel zu findende Anerkennung der Tatsache, dass des Bücherschreibens kein Ende ist, sollte nicht als Entschuldigung für eine unbedachte Vergrößerung der Bücherflut herangezogen werden. Es wäre deshalb durchaus verständlich, wenn einige Leser die Frage stellten: Wozu noch ein weiteres Buch über den Advaita Vedānta?

Die meisten der heute vorliegenden Bücher über den Advaita Vedānta bedienen sich bei dessen Darstellung eines auf den heiligen Schriften basierenden Ansatzes. In einigen Büchern wird dieser Ansatz vermischt mit einem rationalen und einem erfahrungsorientierten Ansatz, oft ohne dass klar zwischen diesen verschiedenen Ansätzen unterschieden wird. In der Hoffnung, die Leser mögen diese didaktische Vorgehensweise erfrischend finden, wird in diesem Buch versucht, diesen Ansätzen jeweils einen unabhängigen Status einzuräumen, ohne ihre wechselseitige Verbundenheit aus den Augen zu verlieren.

Arvind Sharma

EINFÜHRUNG

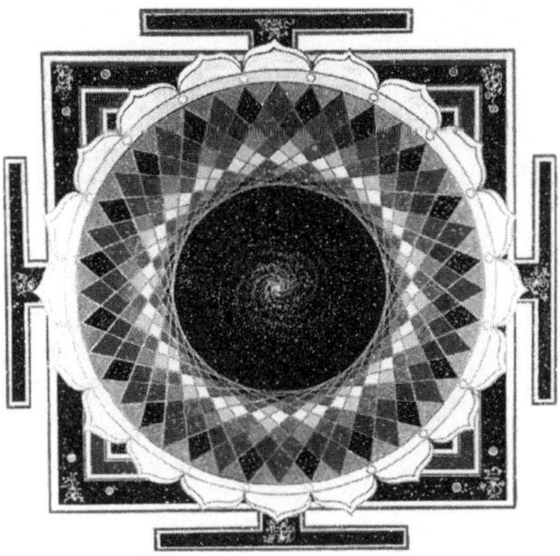

Religion, Philosophie und der Advaita Vedānta

I. Religion und Philosophie in Indien und im Abendland

Bevor wir eine Einführung in die als Advaita Vedānta bekannte Schule der indischen Philosophie geben, mag es hilfreich sein, wenn wir kurz darauf eingehen, wie »Philosophie« in Indien verstanden und praktiziert wird.

Westliche und indische Philosophen stimmen zwar darin überein, dass die Natur der Beziehung zwischen Philosophie und Religion in der abendländischen Zivilisation eine andere Struktur besitzt als in der indischen, aber sie unterscheiden sich im Allgemeinen in der Einschätzung der Bedeutung dieser Unterschiede. Beide Seiten sind sich einig, dass Philosophie im Wesentlichen in einer rationalen, »wissenschaftlichen« Untersuchung der Natur der Wirklichkeit besteht. Doch ist die Natur der Wirklichkeit auch das zentrale Thema der Religion, so dass wir uns über die Natur der Beziehung zwischen diesen beiden Disziplinen klar werden müssen.

Aus historischen ebenso wie philosophischen Gründen hält man die Beziehung zwischen Religion und Philosophie in der abendländischen Kultur eher für peripher. Im Westen stellt die Philosophie eine intellektuelle Bewegung dar, die sich anfänglich von der Theologie abgrenzte und im weiteren Verlauf dann zunehmend einen unabhängigen Status gewann. Dies führte schließlich zu einer gleichgültigen, ablehnenden, ja gelegentlich sogar feindlichen Einstellung der abendländischen Philosophie gegenüber der Religion. Innerhalb der indischen Kultur kam es nicht zu einer solchen Entwicklung. Darum lässt sich zwar auch im indischen Kontext eine Unterscheidung zwischen Philosophie und Religion treffen, aber der Unterschied ist hier eher analytischer und nicht antagonistischer Natur. Man könnte sogar behaupten, dass die beiden Disziplinen in Indien auch dort, wo sie unterschieden werde, dennoch eine Einheit bleiben.

Zudem basiert die Unterscheidung von Philosophie und Religion im Westen auf der Unterscheidung von Vernunft und Glauben, wobei Vernunft als der Grundstein der Philosophie und Glaube als der Grundstein der Religion gilt. Diese Unterscheidung wird noch durch die Tatsache bekräftigt, dass man der Ergebnisse des Glaubens typischerweise erst nach dem Tode teilhaftig wird, während die rationale Untersuchung typischerweise hier und jetzt Resultate zeitigt.

So wird die Trennung von Philosophie und Religion im Westen also intellektuell befürwortet, weil sie es erlaubt, den philosophischen Wahrheiten ungehindert von religiösen Skrupeln nachzugehen. Viele indische Denker sehen diese Angelegenheit jedoch ganz anders. Ihrer Meinung nach besteht bei einer solchen Abtrennung der Philosophie von der Religion die Gefahr, dass die Philosophie zu einem bloß intellektuellen Zeitvertreib verkommt und sich weit von der Beschäftigung mit den »letzten Dingen« entfernt, die das eigentliche Thema der Philosophie sein sollten. In diesem Zusammenhang betonen die indischen Denker noch einen weiteren Punkt: Auch wenn die Behauptungen der indischen Philosophie manchmal religiöser Natur zu sein scheinen, ist das Resultat doch in diesem Leben erreichbar und lässt sich deshalb – im Prinzip – verifizieren.

Die Verwirklichung dieses Resultats, wird als *Jīvanmukti* bezeichnet. Nicht alle Schulen der indischen Philosophie oder der Hindu-Philosophie stellen die Behauptung auf, dass Jīvanmukti möglich ist, aber der Advaita Vedānta tut es,[1] ebenso wie andere Hindu-Systeme wie der Sānkhya und der Yoga. Diese Behauptung ist zudem für einen großen Teil des buddhistischen und des jainistischen Denkens charakteristisch. Der Begriff *Jīvanmukti* wird oft mit »Befreiung zu Lebzeiten« übersetzt, da das Wort *Mukti* »Befreiung« bedeutet und *Jīvan* »zu Lebzeiten«. Der dem Konzept von Jīvanmukti zugrunde liegende Gedanke scheint also zu sein, dass man die Resultate des eigenen Glaubens bereits ernten kann, während man noch in dieser Welt lebt. Und es gibt im Prinzip keinen Grund anzunehmen, dass der Glaube an die Vernunft nicht auch ein solcher Glaube sein könnte.

Diese Vorstellungen stehen in scharfem Gegensatz zu denen, die sich im Denken anderer religiöser Systeme finden, etwa in dem des Christentums und des Islams. Im Christentum und im Islam, insbesondere in deren traditionelleren Ausprägungen von Katholizismus und sunnitischem Islam, kann man sich der Belohnung für den Glauben erst in einer jenseitigen Existenz erfreuen. Das bedeutet, dass man der Resultate des eigenen Glaubens erst nach dem Tod teilhaftig wird, eventuell sogar erst am Tag des Jüngsten Gerichts, zu dem es nicht bereits zum Zeitpunkt des eigenen Todes kommt, sondern erst am Ende der Welt, am Ende aller Zeiten. Dies führt zu der interessanten Situation, dass eine der Fragen, die in jenen Traditionen, die Jīvanmukti akzeptieren, kritisch diskutiert werden, lautet: »Was geschieht mit der/dem Befreiten nach ihrem/seinem Tod?« und nicht einfach: »Was geschieht nach dem Tod?« Die große Frage besteht also nicht, wie es im Christentum und im Islam der Fall ist, darin, was nach dem Tod geschieht, sondern was mit der befreiten Person nach ihrem Tod geschieht.

Außerdem ist klar, dass in jenen Schulen, die Jīvanmukti akzeptieren, das Konzept des *Glaubens* selbst völlig andere Konnotationen hat als im Westen. In den Schulen, die Jīvanmukti akzeptieren, wird der Glaube als ein *Glaube an die zu erreichende Verwirklichung* verstanden – er bezeichnet das Vertrauen, das man besitzen muss, um ein bestimmtes Expe-

riment zu unternehmen; der Ausgang des Experiments ist jedoch von diesem Glauben unabhängig. Es ist sogar möglich, dass die offenkundig werdenden Resultate dazu beitragen, den Glauben zu verstärken, so wie unser Glaube an die Naturwissenschaft zunimmt, wenn wir experimentell feststellen, dass Wasser aus zwei Gasen zusammengesetzt ist.
Im Lichte solcher Überlegungen kommen die indischen Denker zu einer positiveren Sichtweise der Tatsache, dass Philosophie und Religion in Indien, anders als im Westen, nicht auseinander gerissen wurden. Diese Haltung spiegelt sich auch in ihrem Umgang mit dem Advaita Vedānta wieder. Um es noch einmal zu rekapitulieren: Im Westen besteht Philosophie in einer rationalen Untersuchung der Natur der Wirklichkeit. Für die indischen Philosophen ist die Philosophie in der abendländischen Welt jedoch nur die Hälfte dessen, was sie sein sollte; sie sagen gern, die westliche Philosophie sei eine rein intellektuelle Angelegenheit und Religion und Philosophie seien im Abendland auseinander gerissen worden. Aus diesem Grunde wurden Vernunft und Glaube im Westen zu Gegensätzen. In Indien, so sagen sie, sei es nicht zu dieser Spaltung gekommen. Darum scheuen es viele Schulen des Denkens in den religiösen indischen Traditionen nicht, die letzte Natur der Wirklichkeit *sowohl* aus einer philosophischen *als auch* aus einer religiösen Perspektive zu diskutieren – ihre Vertreter fühlen sich dabei weder verlegen noch beschämt noch unsicher. Der Advaita Vedānta ist eine dieser Schulen.

II. Advaita Vedānta und andere Schulen des indischen Denkens

Wenn wir uns in einem indischen Kontext mit Philosophie befassen, können wir also nicht einfach über die Religion hinweggehen, uns deshalb ist es hilfreich, wenn wir zwischen den Religionen Indiens und den indischen Religionen unterscheiden. Mit den »Religionen Indiens« sind alle Religionen gemeint, die man in Indien antrifft, also Hinduismus, Buddhismus, Jainismus, Sikhismus, Judentum, Zoroastrismus, Christentum, Islam und so weiter. Mit den »indischen Religionen« sind im Kontrast dazu nur jene Religionen gemeint, die in Indien entstanden sind, also der Hinduismus, der Buddhismus, der Jainismus und der Sikhismus. Dementsprechend bezeichnen wir mit »indische Philosophie« traditionsgemäß nur jene philosophischen Systeme, die für die indischen Religionen charakteristisch sind.

Nach einer Klassifizierung der Schulen indischen Denkens, die weite Verbreitung gefunden hat, seit sie im Jahre 1900 von Max Müller übernommen wurde, umfasst die indische Philosophie neun Schulen.[2] In Indien wird eine Schule der Philosophie als *Darshana* bezeichnet, ein Begriff, für den es mehrere mögliche Übersetzungen gibt. Er ist abgeleitet von der Verbwurzel für »sehen« und kann deshalb unter anderem »Einsicht(en) in die Wirklichkeit« oder auch »Weltbilder« bedeuten. Diese neun Systeme werden weiterhin folgendermaßen in nichtorthodoxe und orthodoxe Systeme des indischen Denkens unterteilt:

Indische Philosophie (Darshanas)	
Nichtorthodoxe Schulen des hinduistischen Denkens: **Nāstika (3)** Indischer Materialismus Buddhismus Jainismus	Orthodoxe Schulen des hinduistischen Denkens: **Āstika (6)** Nyāya Vaisheshika Sānkhya Yoga Mīmāmsā Vedānta

In dem obenstehenden Wort *Āstika* bedeutet *asti* »ja« und durch das *na* in *Nāstika* wird ein »nein« daraus. Die drei nichtorthodoxen Schulen des indischen Denkens erkennen die Autorität der Jīvanmukti nicht an. Ein Nāstika sein heißt, zu den Vedas nein zu sagen. Āstika heißt also, zu den Vedas ja zu sagen. Die ersten vier der sechs Schulen, die die Vedas anerkennen – Nyāya, Vaisheshika, Sānkhya, Yoga – erkennen zwar die Autorität der Vedas an, das aber im Grunde *a posteriori* und nicht *a priori*. Die letzten beiden Schulen jedoch, Mīmāmsā und Vedānta, basieren tatsächlich auf den Vedas.
Es ist offensichtlich, dass hier aus hinduistischer Sicht entschieden wird, was orthodox ist und was nicht. Als entscheidendes Merkmal gilt die Anerkennung der Autorität der Vedas, der heiligen Schriften, auf denen der Hinduismus basiert. Wir müssen jetzt noch hinzufügen, dass die Schulen Mīmāmsā und Vedānta sich nicht nur dadurch von den Āstika-Schulen unterscheiden, dass sie nicht nur die Autorität der Vedas anerkennen, sondern dass ihre Lehren auch tatsächlich auf den Vedas gründen. Wenn wir diese Schulen also verstehen wollen, dann ist es wichtig, dass wir die traditionelle Weltanschauung der Vedas verstehen.
Der Begriff *Veda* ist von der Wurzel *vid* abgeleitet, die »kennen« bedeutet, wie in »Video« (durch Sehen kennen). Es heißt, dass die Vedas den Weisen oder Sehern offenbart wurden, dass sie sie »gesehen« haben. Nach traditionellem Verständnis sind die Vedas nicht das Werk menschlicher Autoren. Diese Vorstellung gibt es auch in der islamischen Tradition, wo es heißt, der Prophet Mohammed habe den Koran direkt von Gott »empfangen«. Im vedischen Denken der Hindus wird sogar Gott als Urheber der Vedas noch ausgeschieden. Die Vedas sind vielmehr in das Gewebe des Kosmos eingewoben, der ewig ist. Das besagt wiederum, dass auch die Vedas ewig sind; sie werden periodisch »entdeckt«, aber nicht erschaffen oder erfunden.

Die Vedas wurden niemals formell zu einem abgeschlossenen Kanon zusammengefasst, wenn es unter den indischen Denkern auch ein gewisses Maß an informeller Übereinkunft über ihren Inhalt gibt. Diese Ungewissheit führt auf subtile Weise dazu, dass eine Person, die mit Autorität zu sprechen weiß, bedeutsamer wird als der Text. Weil es zahlreiche Vedas gibt und der Kanon nur locker definiert ist, ist es nur vernünftig, wenn jemand, der eine autoritative Meinung sucht, sich an einen Menschen wendet, der selber Jīvanmukti erfahren hat, statt sich durch eine Unmenge von zum Teil verwirrendem und manchmal widersprüchlichem Textmaterial hindurchzulesen.
Es gibt vier große Sammlungen vedischer Texte. Jedes dieser Vedas (*Rig-Veda*, *Sāma-Veda*, *Yajur-Veda* und *Atharva-Veda*) kann wiederum in verschiedene Schichten unterteilt werden. Das ist ähnlich wie bei der christlichen Bibel, die man in zwei Schichten unterteilen kann, das Alte Testament und das Neue Testament, wobei Judentum und Christentum sich dadurch unterscheiden, dass sie nicht dieselbe Schicht als autoritativ anerkennen. Ähnlich ist es bei Mīmāmsā und Vedānta: Für den Mīmāmsā sind die früheren Teile der Vedas von primärer Bedeutung, während der Vedānta den späteren Teilen, die aus den Upanischaden bestehen, größere Autorität zuerkennt. Nach dem Verständnis des Vedānta stellen die Upanischaden den Höhepunkt und die Vollendung aller vorangegangenen Schichten dar und offenbaren damit die letzte Wahrheit, die in den Vedas enthalten ist.
Die Grundlage der oben angeführten Klassifizierung der Darshanas oder Schulen des Denkens war der textbasierte Ansatz, wobei die Texte in diesem Fall die Vedas sind. Dieser Punkt sollte allerdings nicht überbetont werden. Wie wir bereits gesehen haben, leitet sich der Begriff *Āstika* von einer Verbwurzel her, die »sein« oder »ja, es ist« bedeutet, womit gemeint ist, dass diese Schulen auf die Frage: »Erkennt ihr

die Autorität der Vedas an?« mit ja geantwortet haben. Die sechs Āstika-Schulen, nämlich Nyāya, Vaisheshika, Sānkhya, Yoga, Mīmāmsā und Vedānta, wurden ebenfalls bereits erwähnt, genauso wie die Tatsache, dass die ersten vier davon zwar die Autorität der Vedas akzeptieren, ihre Lehre jedoch nicht auf diese gründen. Diese vier Schulen erkennen also die Autorität der Vedas an, machen dann aber letztlich doch, was sie wollen. Weil der Korpus der vedischen Schriften so enorm groß ist, lässt sich damit fast jede Sichtweise rechtfertigen, und zwar unter nomineller Anerkennung der Autorität dieser Texte. Die Akzeptanz der vedischen Autorität ist also weniger in philosophischer Hinsicht bindend, sondern schafft eher einen sozialen Zusammenhalt. Diese vier Schulen werden deshalb *vor* dem Mīmāmsā und dem Vedānta angeführt, weil sie die vedische Autorität nur nominell anerkennen, und *nach* den drei nichtorthodoxen Schulen, weil sie diese Autorität immerhin anerkennen und sie nicht ablehnen, wie es die drei nichtorthodoxen Schulen tun.

III. Eine philosophische Erklärung der Klassifizierung

Es ist auch möglich, eine philosophischere Begründung für die Natur und Ordnung dieses Systems der Klassifizierung zu geben, besonders aus der Perspektive des Advaita Vedānta, der das Thema dieses Buches ist. Dabei geht es um das Konzept des Selbst oder *Ātman*; es spielt im Advaita Vedānta eine dermaßen wichtige Rolle, dass man dieses System auch als den *Ātmādvaita* bezeichnet hat.

Untersucht man das Konzept des Ātman, des »Selbst« oder der »Seele«, in diesen neun Schulen, so findet man ein Muster in der Progression des Denkens durch diese neun Schulen hindurch. Die Materialisten glauben, dass natürliche Elemente ausreichen, um das Bewusstsein im Menschenwesen hervorzubringen. Weil der Materialismus keinen Ātman anerkennt, ermutigen die Materialisten – da sie den Tod für endgültig halten – die Menschen dazu, für den Augenblick zu leben. Sie glauben, das Glück sei in materiellen Dingen zu finden, ganz nach dem Motto: »Iss, trink und lass es dir gut gehen!«

Der Buddhismus erkennt zwar keinen Ātman an, dafür aber damit verbundene Konzepte wie das des Kreislaufs der Wiedergeburten. Der Jainismus akzeptiert einen Ātman, dieser wird hier jedoch als deckungsgleich mit dem physischen Körper verstanden. Auch Nyāya und Vaisheshika glauben an einen Ātman, doch in diesen Systemen existiert zwar ein Ātman, dieser kann aber nicht von selbst, das heißt unabhängig von hinzukommenden Elementen, Bewusstsein an den Tag legen. Sowohl Sānkhya als auch Yoga glauben an einen unabhängigen Ātman, aber sie postulieren gleichzeitig einen strikten Dualismus zwischen Materie und Geist, auch wenn die beiden in ihrer Bedeutung nicht gleichrangig sind. Die Materie unterliegt ihrer Ansicht nach der Herrschaft des Geistes und alle Materie wird unter einer Kategorie subsumiert. (In anderen Schulen wird die Materie manchmal in unterschiedliche letzte Teile zergliedert.) In diesen Systemen behalten allerdings alle Ātmans ihre Individualität bis zuletzt; sie verschmelzen nicht in eins. Im Advaita Vedānta jedoch vereint das Konzept des Ātman alle Wesen auf der Ebene des Geistes miteinander im *Brahman*, so wie im Sānkhya und im Yoga alle Wesen auf der Ebene der Materie in der *Prakriti* eins sind. Wir können also mit einer gewissen Berechtigung behaupten, dass die Schule des Advaita Vedānta den Kulminationspunkt jener philosophischen Strömung darstellt, die sich aus dem Konzept des Ātman speist, wie wir es in der indischen Philosophie finden.

IV. Eine weitere philosophische Erklärung der Klassifizierung

Als eine weitere philosophische Begründung der Klassifizierung lässt sich auch die Einstellung der verschiedenen Schulen zu der Beziehung zwischen den Bereichen von Materie und Geist heranziehen. In der menschlichen Erfahrung sind gleichermaßen Materie und Bewusstsein gegeben: Wir sehen materielle Objekte überall um uns herum und es ist das immaterielle Bewusstsein, das es uns ermöglicht, dieser Objekte gewahr zu sein.

Da sowohl Materie als auch Geist in diesem Sinne empirisch gegeben sind, lassen sich in Hinsicht darauf drei grundlegende philosophische Positionen formulieren:

1. Materie allein ist die letzte Wirklichkeit, Bewusstsein ist ein Epiphänomen materieller Prozesse. Diese Position kann man als Materialismus bezeichnen.
2. Die letzte Wirklichkeit besteht gleichermaßen aus Materie und Geist, die jeweils ihre eigene Wirklichkeit besitzen. Diese Position kann man als grundlegenden Dualismus bezeichnen.
3. Der Geist allein konstituiert die letzte Wirklichkeit, die Materie ist nur ein Produkt des Geistes. Diese Position kann man als Idealismus bezeichnen.

In Hinsicht auf dieses Schema beginnt die Klassifizierung der neun Schulen mit dem Materialismus und bewegt sich dann über die grundlegend dualistischen Schulen, die sowohl die Wirklichkeit von Materie als auch die von Geist anerkennen, hin zum anderen Ende des Vedānta, der in seiner Orientierung idealistisch ist, was ganz besonders auf den Advaita Vedānta zutrifft.

V. Was bedeutet Advaita Vedānta?

Beginnen wir mit dem Wort *Advaita*, das dem Leser vielleicht bei seiner ersten Begegnung damit überaus fremdartig vorkommen mag. Wenn wir einen kurzen Ausflug in die Philologie machen, dann wird es uns jedoch gleich sehr viel weniger exotisch erscheinen. Das Wort hat zwei Bestandteile: Das anfängliche »*a*« ist wie in dem Wort »ahistorisch« (nicht-historisch) eine Verneinung; *a-dvaita* heißt also »nicht-*dvaita*«.

Aber was bedeutet *dvaita*? Dieses Wort ist etymologisch mit dem Wort »dual«, aber auch »zwei« verbunden, eine Verbindung, die man noch hören kann, wenn man die Wörter *dvaita*, *dual* und *zwei* laut ausspricht. Aber sie sind nicht nur klanglich miteinander verbunden, sondern haben auch die gleiche Bedeutung. *Dvaita* heißt also Dualität oder »Zweiheit«.

Das Wort *advaita* (*a-dvaita*) bedeutet dementsprechend nicht-zwei oder nondual.

Das Wort ist jedoch ein Adjektiv; deshalb stellt sich die Frage, worauf es sich bezieht. *Worüber* wird denn die Aussage gemacht, es sei »nichtdual« oder »nichtdualistisch«?

Stellen wir das Wort *advaita* also für einen Moment beiseite und sehen wir uns das Wort an, das durch dieses Adjektiv qualifiziert wird, nämlich *Vedānta*. Danach können wir die beiden Wörter wieder zusammenführen, so dass sie ihre gemeinsame Bedeutung offenbaren.

Auch das Wort *Vedānta* mag uns auf den ersten Blick fremdartig und unverständlich erscheinen. Aber auch hier verhilft uns ein zum Glück kurzer Ausflug in die Philologie, seine Bedeutung zu verstehen.

Das Wort *Vedānta* ist aus zwei Wörtern zusammengesetzt, nämlich *veda* und *anta*. Das Wort *Veda* ist von einer Wurzel abgeleitet, die »wissen« oder »kennen« bedeutet. Von dieser Wurzel sind auch die Wörter »gewitzt sein«, also »auf intelligente Weise wissen«, »Weisheit«, also »in weiser Manier wissen«, und »Video«, also »durch Sehen wissen«, abgeleitet. Von derselben Wurzel, nämlich *vid*, »wissen«, kommt also auch *Veda*, und es bedeutet, wie schon früher angemerkt, Weisheit, und zwar *spirituelle* Weisheit, und bezieht sich als Ableitung davon auch auf die Texte, die solche Weisheit verkörpern. Darum werden die heiligen Schriften des Hinduismus Vedas genannt, so wie die heilige Schrift des Christentums die Bibel genannt wird und die der Muslime der Koran. Beachten Sie, dass das Wort *Veda*, anders als bei der Bibel und dem Koran, oft im Plural auftaucht. Das hat damit zu tun, dass man traditionellerweise von *vier* Vedas spricht, wie wir oben bereits ausgeführt haben. Manchmal wird das Wort *Veda* jedoch auch im Singular benutzt, um die Gesamtheit der Vedas zu bezeichnen. Schon allein die Tatsache, dass der Hinduismus vier heilige Schriften besitzt und nicht nur eine, sagt uns etwas über den grundlegend pluralen Ethos dieser Tradition.

Es ist nicht nur so, dass es vier Vedas gibt, sondern es lassen sich auch in jedem dieser Vedas vier Schichten unterscheiden. Das folgende Schema mag uns helfen, dieses vierschichtige Bild zu klären:

	Rig	Yajur	Sāma	Atharva
Mantra oder Samhitā	—	—	—	—
Brāhmana	—	—	—	—
Āranyaka	—	—	—	—
Upanishad	—	—	—	—

Jeder der Vedas enthält (1) Hymnen oder Gesänge (viele dieser Gesänge tauchen in allen Vedas auf) zum Lobpreis der Götter; (2) Erklärungen in Prosa zum rituellen Gebrauch dieser Gesänge; (3) Reflexionen über die Bedeutung von Ritualen; und (4) geheime Texte, welche die höchsten Mysterien übermittel sollen, jene, die über das Ritual hinausgehen und dem Bereich der spirituellen Erkenntnis angehören. Diese Schichten heißen:

1. *Mantra* oder *Samhitā*, das heißt Gesänge oder Sammlungen von Gesängen
2. *Brāhmana*, das heißt autoritative Äußerungen der Priester
3. *Āranyaka*, das heißt »Wald-Bücher«*
4. *Upanischaden*, also mystische Texte, die Schülern offenbart wurden, die zu Füßen ihrer Meister saßen.

Der Rest unserer Darstellung wird sich auf die Upanischaden konzentrieren. Weil sie historisch am Ende der Vedas stehen oder die letzte der vier Schichten darstellen, werden sie auch Ved*ānta*, das heißt das »Ende des Veda« genannt. Das Sanskrit-Wort *anta* hat dieselbe Bedeutung wie das deutsche Wort »Ende«.

Die Texte, die die Upanischaden oder den Vedānta ausmachen, behandeln die zentralen Themen der Philosophie: Was ist die letzte Wirklichkeit des Universums, das uns umgibt, und unserer selbst, die wir diese Frage stellen? Und was ist die wahre Natur dieser letzten Wirklichkeit?

Die Texte, die als Upanischaden bezeichnet werden (es gibt mehr als zweihundert solcher Texte, von denen etwa ein Dutzend zu den wichtigsten Upanischaden gezählt werden) geben uns allerdings nicht – zumindest nicht auf den ersten

---

* Die »Wald-Bücher« sind Bücher, die nur für den Gebrauch jener Menschen bestimmt waren, die sich als Asketen und Einsiedler in den Wald zurückgezogen hatten und die aufgrund ihrer strengen geistigen Disziplin in der Lage waren, mit ihren brisanten Lehren umzugehen (Anm. d. Übers.).

Blick – eine einzige Antwort auf diese Fragen. Die Upanischaden stellen eher aus religiöser Inspiration geborene Texte dar als systematische Abhandlungen über Theologie, und die inspirierten Aussagen, die wir in ihnen finden, lassen sich auf vielfache Weise interpretieren. Aus dem Versuch, ihre Lehren auf systematische Weise darzustellen, sind deshalb in Indien verschiedene Schulen der Philosophie entstanden. Diese Schulen sind auch als Schulen des Vedānta bekannt, und sie unterscheiden sich hinsichtlich ihrer Interpretationen der letztgültigen Lehre der Upanischaden. So wird zum Beispiel die Frage »Ist die letzte Wirklichkeit letztlich persönlicher oder unpersönlicher Natur?« von diesen Schulen unterschiedlich beantwortet. Diese Schulen unterscheiden sich auch hinsichtlich ihrer Antwort auf die Fragen »Worin besteht die Beziehung zwischen Brahman, der letzten Wirklichkeit, und der Welt?« oder »Worin besteht Verwirklichung?«

Der Advaita Vedānta ist eine dieser Schulen des Vedānta. Er wird als Advaita bezeichnet, weil er letztlich keinen Unterschied zwischen uns oder dem Universum und der letzten Wirklichkeit macht – sie sind »nicht-zwei«. Er nennt sie lieber »nicht-zwei« und nicht »eins«, weil »nicht-zwei« von Anfang an das Nichtvorhandensein einer fundamentalen Trennung impliziert, während »eins« das Zusammenkommen von zwei Dingen meinen kann, die tatsächlich voneinander getrennt sind. Er spricht also lieber von der »ungeteilten« (*a-dvaita*) Wirklichkeit als von der »einen« Wirklichkeit, weil seiner Ansicht nach das Postulieren einer solchen grundlegenden Trennung an sich das Produkt eines Irrtums ist.

Sind alle Lebewesen also letztlich identisch mit Brahman? Ist das Universum identisch mit Brahman? Gibt es einen Unterschied zwischen der Art und Weise, auf die die Lebewesen mit dem Brahman eins sind, und der Art und Weise, auf die das Universum damit eins ist? Wenn die letzte Wirklichkeit eine einzige ungeteilte Wirklichkeit ist, welche Wirklichkeit besitzen dann die unterschiedlichen Dinge und die unterschiedlichen Menschen um uns herum? Sind sie Täuschungen oder Ausschmückungen, und wie können sie existieren, ohne dass dies eine Dualität auf Seiten der ungeteilten Wirklichkeit impliziert? Die Schule des Advaita Vedānta tut ihr Bestes, um diese Fragen zu beantworten, und stützt sich dabei (1) auf Offenbarung, (2) auf Vernunft und (3) auf die Lehren derer, die als lebende Verkörperung der VERWIRKLICHUNG von Brahman oder der letzten Wirklichkeit gelten.

ERSTER TEIL

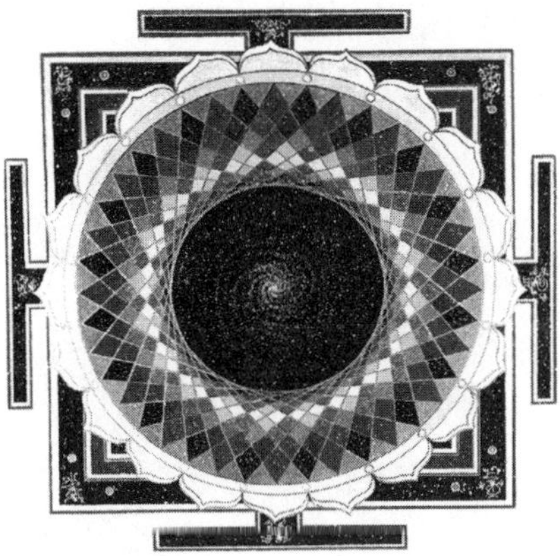

Advaita Vedānta: Eine Annäherung über die Schriften

Der schriftenbasierte Ansatz stützt sich auf die Autorität der heiligen Schriften und macht sie zur Grundlage von Aussagen über die Natur der letzten Wirklichkeit. Diese Wirklichkeit wird in den Upanischaden üblicherweise als Brahman bezeichnet.

Die Upanischaden machen jedoch verschiedene Aussagen über die Natur der objektiven Welt, die Natur des individuellen Subjekts und die Natur der letzten Wirklichkeit (Brahman). Das alles läuft darauf hinaus, dass es »große, beinahe unüberwindliche Schwierigkeiten gibt, zu entscheiden, was genau die Lehren der Upanischaden in Hinsicht auf bestimmte wichtige Themen sind. Das ist für die spätere Entstehung unterschiedlicher Schulen des Vedānta verantwortlich, die alle von sich behaupten, die Lehre der Upanischaden zu vertreten.«[3] Es lohnt sich auch hinzuzufügen:

> Besonders in Hinsicht auf die Beziehung des Brahman zur individuellen Seele einerseits und zum physischen Universum andererseits sind die Lehren der Upanischaden vage. Auch wenn … es viele und hervorstechende Aussagen über ihre Identität gibt, fehlen Aussagen über ihre Verschiedenheit keineswegs. Das erste Problem für jeden, der versucht, die Lehren der Upanischaden zu systematisieren, besteht darin, diese beiden Gruppen von Aussagen miteinander in Einklang zu bringen.[4]

Jedes System des Vedānta hat seine eigene Methode entwickelt, diese Aussagen miteinander zu vereinbaren, und zwar auf der Grundlage der (im *Brahmasūtra* 1.1.4 enthaltenen) Aussage, dass diese upanischadischen Lehren auf einheitliche Weise verstanden werden müssen. Als eines der Systeme des Vedānta hat der Advaita Vedānta in Übereinstimmung mit dieser Aussage sein eigenes Verständnis der Upanischaden entwickelt.

Wir haben bereits darauf hingewiesen, dass die Upanischaden zwei Strömungen des Denkens zu enthalten scheinen: eine, die die Getrenntheit des objektiven Universums, des subjektiven Individuums und der letzten Wirklichkeit (Brahman) anerkennt, und eine andere Strömung, die deren Einheit betont. Shankara, der große Exponent des Advaita Vedānta, …

> … erkennt an, dass es zwei Strömungen des Denkens in den Upanischaden gibt; aber er denkt, dass eine davon, nämlich diejenige, die die Wirklichkeit der Getrenntheit behauptet, nur ein Zugeständnis an empirische Modi des Denkens ist. Da seiner Meinung nach alle Getrenntheit nur bedingt wahr ist, ist die einzige Lehre der Upanischaden die der Einheit. Da es jedoch keine Einheit unabhängig von Verschiedenheit geben kann, bezeichnet er seine Lehre nicht als Monismus, sondern nur als »Nicht-Dualismus« (*Advaita*).[5]

Doch wie, so kann man nun fragen, kommt Shankara zu diesem Resultat?

Er erreicht dies durch ein exegetisches Manöver, welches darauf hinausläuft, dass die Upanischaden gewisse Schlüsselaussagen enthalten, die so genannten *Mahāvākyas**, und die

* Wörtlich: »Große Sätze« (Anm. d. Übers.).

darauf folgende Behauptung, dass die Gesamtheit ihrer Lehren durch die Brille dieser maßgeblichen Äußerungen zu betrachten sind. Das ist so, als behaupte man, das Neue Testament sei am besten dadurch zu verstehen, dass man es im Lichte der alles überragenden Aussage »Jesus ist der Messias« betrachtet. Alle anderen Teile des Neuen Testaments, die dies nicht unmittelbar bestätigen – so zum Beispiel wenn Jesus Petrus fragt: Wer, glaubst du, bin ich? Oder wenn Jesus sich am Kreuz fragt, ob Gott ihn verlassen habe – müssten nach Maßgabe jenes Mahāvākya verstanden werden, der besagt: »Jesus ist der Messias.«

Diese Mahāvākyas, in deren Licht die Upanischaden zu verstehen sind, sind nach der hermeneutischen Tradition des Advaita Vedānta die folgenden:

I. All dies ist wahrlich Brahman.
II. Ich bin Brahman.
III. Dieser Ātman ist Brahman.
IV. Das bist du.

Diesen Mahāvākyas wird manchmal noch ein fünfter hinzugefügt:

V. Brahman ist Geist (oder Bewusstsein).

Diese Aussagen sind jedoch mit äußerster exegetischer Vorsicht zu verstehen, denn man kann sie leicht missverstehen. Tatsächlich werden diese Mahāvākyas auch von anderen Schulen des Vedānta als autoritativ anerkannt; es ist also nicht so sehr die Frage der Auswahl bestimmter Aussagen als Mahāvākyas, die den Advaita Vedānta von den anderen Schulen des Vedānta unterscheidet, sondern dessen Verständnis dieser Aussagen.[6]

All dies ist wahrlich Brahman

Der Leser wird zum Beispiel bemerken, dass diese erste Aussage das objektive Universum mit dem Brahman identifiziert. Und dass die zweite Aussage (»Ich bin Brahman«) das Individuum mit dem Brahman identifiziert, wird der Leser ebenfalls bemerken. Die genaue Art und Weise, auf die das Universum als identisch mit dem Brahman angesehen wird und auf die das individuelle Subjekt, der *Jīva*, mit dem Brahman identisch sein soll, ist *nicht* identisch.

Bevor wir diesen Unterschied erklären, ist es notwendig, den Leser auf eine wichtige Unterscheidung von zwei Arten der Illusion in der gewöhnlichen Erfahrung aufmerksam zu machen. Eine Person mag sich einbilden, aus einem gewissen Abstand eine Schlange zu sehen, die sich bei näherer Untersuchung jedoch als ein Seil erweist. Das spätere, den ersten Eindruck korrigierende Wissen bestätigt, wie praktisch alles Wissen dieser Art, die Existenz von etwas; es widerlegt jedoch das Objekt, *als das* dieses Etwas zuvor erschienen ist (zum Beispiel als Schlange). Wenn die Person ihren Irrtum erkennt, sagt sie zu sich selbst oder fühlt: »Es ist ein Seil, nicht eine Schlange.« Ähnlich ist es mit einer Person, die eine weiße Seemuschel durch eine Scheibe gelben Glases sieht, von deren Existenz sie nichts weiß: Sie hält die Muschel für gelb. Aber eine entsprechende Veränderung des Standpunktes wird diesem Menschen deutlich machen, dass die Gelbheit eine Eigenschaft des Glases und nicht der Muschel ist. Auch hier ist es ähnlich wie im vorherigen Fall, dass das spätere Wissen die Existenz einer gewissen Realität bestätigt; anders als im vorherigen Fall widerlegt es jedoch nicht das Objekt, als das diese erschien, also hier die Muschel, sondern nur einen *Aspekt* davon –

seine Gelbheit. Die Person sieht das Objekt immer noch als eine Muschel, fügt nun nur hinzu, dass sie weiß ist und nicht gelb. Im ersten Fall besteht die Illusion darin, dass ein gegebenes Objekt für ein anderes Objekt gehalten wird, das nicht gegeben ist. Im zweiten Fall besteht die Illusion einfach darin, dass einem gegebenen Objekt eine Eigenschaft zugeschrieben wird, die es nicht besitzt, auch wenn es zu diesem Zeitpunkt so erscheint. Wäre nicht die Glasscheibe (*Upādhi**), zu der die Gelbheit tatsächlich gehört, dazwischen geschoben, dann käme es im letzteren Fall nicht zu einer Illusion. Diese beiden Arten der Illusion dienen dazu, den Unterschied in der Art und Weise zu erklären, auf die nach Shankara ein und dasselbe Brahman sowohl als die Welt als auch als das individuelle Selbst (*Jīva*) erscheinen kann. Es bringt die Illusion der Welt hervor, so wie im ersten Beispiel das Seil die Illusion der Schlange hervorbringt.[7]

Die Beziehung zwischen dem Jīva und dem Brahman muss jedoch mit Hilfe eines anderen Beispiels erklärt werden, denn »der Jīva ist nicht trügerisch oder illusorisch, wie es die Welt ist«[8]. Es sind vielmehr »seine Begrenzungen, die trügerisch sind«[9], und es sind »diese Begrenzungen, die in Wirklichkeit seine empirischen Hinzufügungen sind, die auf es übertragen schienen, so wie in unserem zweiten Beispiel für Illusion die Gelbheit des Glases auf die Muschel übertragen schien«[10]. Das Resultat dieser Überlegung ist:

> Die letzte Wahrheit, wie sie von einem Jīvanmukta erkannt wird, leugnet die Welt, während sie die zugrunde liegende Wirklichkeit des Brahman bestätigt,

* Wörtlich: »Hinzufügung« (Anm. d. Übers.).

> die in allen Darbietungen als positives Sein (*Sat*) gegeben ist und von der wir deshalb sagen können, dass wir damit ständig, wenn auch nicht bewusst, in Berührung sind. Das individuelle Selbst andererseits ist nicht in diesem Sinne illusorisch. Es ist vielmehr das Brahman selbst, welches durch vermittelnde oder begrenzende Hinzufügungen (*Upādhi*) wie das Innere Organ (*Antahkarana*) erscheint, Hinzufügungen, von denen wir übrigens sagen können, dass sie alle der physischen Welt angehören und die damit als solche illusorisch sind. Oder um dasselbe anders auszudrücken: Wenn das individuelle Selbst *sub specie aeternitatis* gesehen wird, ist es Brahman selbst. Wird diese Tatsache in der eigenen Erfahrung verwirklicht, dann wird dadurch nicht der Jīva als spirituelle Entität negiert, sondern nur gewisse Aspekte des Jīva wie seine Endlichkeit und seine Getrenntheit von anderen Selbsten. Unsere Vorstellung davon mag dadurch tiefgehend verändert werden, aber der wichtige Punkt ist, dass es nicht auf dieselbe Weise negiert (*bādhita*) wird wie die physische Welt. Es wird andererseits nur erneut als Brahman bestätigt. Wir können deshalb nicht sagen, dass das individuelle Selbst falsch oder trügerisch ist (*mithyā*), so wie wir sagen können, dass die Welt trügerisch ist. Wir können nur sagen, dass es nicht wahrhaft der Agent ist, der Genießende und so weiter.[11]

Das Gesamtbild, das sich aus dieser Diskussion ergibt, lässt sich in Kürze folgendermaßen zusammenfassen:

> Jetzt kennen wir die advaitische Weltanschauung im Allgemeinen: Brahman ist die einzige Wirklichkeit, und es erscheint sowohl als das objektive Universum als auch als das individuelle Subjekt. Das Erstere ist

eine illusorische Manifestation des Brahman, während das Letztere das Brahman selbst ist, welches unter den Begrenzungen erscheint, die einen Teil dieses illusorischen Universums ausmachen.[12]

Ich bin Brahman

Jetzt müssen wir die zweite Aussage, nämlich »Ich bin Brahman«, näher unter die Lupe nehmen. Das subjektive Individuum, das *Ich*, wird im Advaita üblicherweise als der *Jīvātman* oder kurz *Jīva* bezeichnet. Die Bedeutung dieser zusammengesetzten Form wird uns gegen Ende dieser Darstellung deutlich werden.

Was die Unterscheidung zwischen den ersten beiden Mahāvākya*s* angeht – von denen einer das Brahman mit dem Universum identifizierte während der andere es mit dem Jīva identifizierte –, zeigte sich, dass zwar von beiden gesagt wird, sie seien identisch mit dem Brahman, dass die genaue Natur dieser Identität aber nicht dieselbe ist. Der Schlüssel zum Verständnis des zweiten Mahāvākya und der Art von Identität, von der er spricht, ist die Tatsache, dass der Jīva zwar als *anādi* oder »anfanglos« bezeichnet wird, dass diese »Anfanglosigkeit« in den beiden Fällen sowohl aus einer empirischen als auch aus einer transzendentalen Perspektive gesehen nicht von identischer Natur ist.

Wir haben bereits darauf hingewiesen, dass die Vorstellung vom Jīva »die eines Komplexes (*Vishishta*) ist und nicht nur auf ein Element hinweist, das mit dem Brahman identisch ist, sondern auch auf begrenzende Hinzufügungen wie die Inneren Organe«[13]. Es ist wichtig, dies im Gedächtnis zu behalten, wenn wir nun fortfahren. Was die empirische Wirklichkeit des Jīva angeht, besteht sie darin, dass dieser in den Prozess des *Samsāra* verstrickt ist, dass er von seinem *Karma*, das heißt seinen Taten, gebunden ist.

> Hier wird sich nun zweifellos die Frage erheben, wo denn die Verantwortlichkeit für das, was man *als erstes* tut, angesiedelt ist. Doch solch eine Frage ist im Grunde unzulässig, denn sie setzt voraus, dass es eine Zeit gab, zu der das Selbst ohne jegliche Disposition war. Eine solche Sicht des Selbst ist eine Abstraktion, die ebenso sinnlos ist wie die Vorstellung einer bloßen Disposition, die niemanden charakterisiert. Das Selbst, wie es uns gewöhnlich bekannt ist, meint immer ein Selbst mit einer gewissen Ansammlung von Dispositionen. Auf diese Tatsache weisen die indischen Quellen hin, wenn sie das Karma als anfanglos (*anādi*) bezeichnen. Dies bedeutet, dass wir, ganz gleich wie weit wir die Geschichte eines Individuums zurückverfolgen, niemals ein Stadium erreichen, in dem es gänzlich ohne jeden Charakter war.[14]

Dies ist ein Sinn, in dem der Jīva anfanglos oder anādi ist. Wir finden heraus, in welchem anderen Sinn er ebenfalls anādi oder anfanglos ist, indem wir fragen: Macht der Jīva in seiner wahren Natur in dem Prozess der Verstrickung in das Universum irgendwelche Veränderungen durch? In diesem Kontext …

> … ist es wünschenswert weiterhin zwischen tatsächlichem und augenscheinlichem Wandel zu unterscheiden. Tatsächlicher Wandel (*Parināma*) bedeutet, dass ein bestimmtes Ding nicht völlig verschwindet, wenn es zerstört wird. Wenn man ein Seil in Stücke reißt, dann bleiben die Fasern übrig. Wenn man einen Tontopf zerschlägt, dann gibt es noch die Scherben. Bei dem augenscheinlichen Wandel (*Vivarta*) jedoch ist das Verschwinden vollständig. Sobald die Illusion der »Schlange« überwunden ist, bleibt nichts *davon* übrig.

> Hier bleibt nur noch hinzuzufügen, dass der Jīva keine Wirkung in einem dieser Sinne ist. Er ist keine wirkliche Transformation und nicht einmal eine illusorische Erscheinung des Brahman, so dass hier kein Prinzip der Verursachung ins Spiel kommt. Wenn wir dennoch davon sprechen, dass das individuelle Selbst geboren wird, dann meinen wir damit nur, dass seine Hinzufügungen wie der physische Körper ins Sein treten und nicht das spirituelle Element darin. Darum wird der Jīva als anfanglos (*anādi*) beschrieben. Er ist, wie bereits angedeutet, Brahman, das in einer empirischen Verkleidung erscheint.[15]

Der Unterschied zwischen der Natur dieses Beispiels und der des zuvor angeführten sollte uns auf keinen Fall entgehen. Im ersten Beispiel bestand der Unterschied zwischen den beiden Illusionen – der der Schlange im Seil und der der gefärbten Muschel – darin, dass im Fall der Schlange im Seil etwas als gegeben angesehen wird (die Schlange), das tatsächlich überhaupt nicht gegeben ist, während im Fall der gefärbten Muschel nur eine Eigenschaft der Muschel, nämlich die gelbe Farbe, als gegeben angesehen wurde, während sie tatsächlich nicht gegeben war. Die Muschel als solche ist für immer gegeben, und weil sie *für immer* gegeben ist, kommt hier kein Konzept des Wandels – weder eines augenscheinlichen noch eines tatsächlichen Wandels – ins Spiel. Hier kann nicht argumentiert werden, dass die weiße Muschel in eine gelbe Muschel verwandelt wurde und dass sie dann, als der Irrtum entdeckt und die gelbe Farbe »entfernt« wurde, in eine weiße Muschel zurückverwandelt wurde. Die gelbe Farbe war niemals Teil der Muschel.
Von allem, was anfanglos ist, nimmt man nach normalen philosophischen Maßstäben an, dass es auch endlos ist, das heißt ewig. Also entdecken wir, dass der Jīva in *zweierlei* Hinsicht

ewig ist: (1) Er ist in dem Sinne ewig, dass er Teil des Samsāra ist, der als Prozess ewig ist, und er ist (2) in dem Sinne *ewig*, dass er mit dem Brahman identisch ist, das ewig ist. Vielleicht kann man ihn deshalb den Jīvātman nennen, weil er in *beider* Hinsicht ewig ist. Als der unaufhörlich stille Zeuge seines unablässig fluktuierenden Geschicks wird der Jīvātman auch der *Sākshī* oder Zeuge genannt – das Dauernde als Zeuge des Konstanten.
Dies führt uns allerdings zu der Anschauung, dass es zwei Arten von Ewigkeit geben kann. Und das ist tatsächlich der Fall.

> In der indischen Philosophie werden zwei Arten von Ewigkeit unterschieden, a) *Kūtastha Nityatā* und b) *Pravāharūpa Nityatā*. Ein Ding ist *Kūtastha Nityatā*, wenn es für immer unverändert bleibt. *Pravāharūpa Nityatā* ist ein Ding, wenn es sich in andauerndem Wandel befindet, doch sein Muster (*Niyati*) beibehält. Grob gesagt hat zum Beispiel ein Fels die erstere Art von Wirklichkeit, ein Fluss die letztere Art. Es ist die Natur eines Flusses, unablässig zu fließen, und solange er von dieser seiner Natur nicht abweicht, kann man von ihm sagen, er sei *veränderlich real*, auch wenn er nicht *dauerhaft real* ist wie ein Fels.[16]

Dem Jīva-Teil des Jīvātman ist Pravāharūpa Nityatā zu Eigen, während dem Ātman-Element Kūtastha Nityatā eignet.
Wenn es also heißt »Ich bin Brahman«, dann bezieht sich diese Aussage nicht auf den Jīva, sondern auf das Ātman-Element des Komplexes. Es sei auch darauf hingewiesen, dass die Aussage *»aham brahma asmi«* (»Ich bin Brahman«), zwar zu der Überzeugung führen kann, dass aller Geist eins ist, dass sie aber »das gesamte physische Universum unberücksichtigt lässt«[17], womit deutlich wird, warum der erste Mahāvākya so wichtig ist.

Ātman ist Brahman

Wir wenden uns nun dem dritten Mahāvākya zu, der besagt, dass Ātman Brahman ist.

Im Lichte der Literatur der Vedas und Upanischaden betrachtet, wird die Bedeutung dieser Identifikation deutlich. M. Hiriyanna schreibt:

> Brahman meint also das ewige Prinzip, wie es in der Welt als ganzer verwirklicht ist, und Ātman die Quintessenz des eigenen Selbst. Diese beiden Konzepte – Brahman und Ātman – sind von großer Bedeutung, und sie tauchen in der Literatur dieser Periode nicht nur unabhängig voneinander auf, sondern sie werden manchmal auch miteinander in Verbindung gebracht. Die Texte weisen dadurch auf ihre Parallelität hin, dass sie sagen, die Beziehung zwischen dem Selbst der Welt und dem physischen Universum sei von der gleichen Art wie die Beziehung zwischen dem individuellen Selbst und dem Körper. So heiß es im *Atharva Veda*, das universale Selbst oder die Weltseele habe »die Erde als Füße, den Bereich der Atmosphäre als Bauch, das Firmament als Kopf, die Sonne und den Mond als Augen und den Wind als Atem«.[18]

Dann fahrt Hiriyanna fort:

> Manchmal werden die beiden Konzepte auch miteinander identifiziert, und diese glückliche Identifikation der beiden ist die essenzielle Lehre der Upanischaden. Sie besagt, dass das Prinzip, das der Welt als ganzer zugrunde liegt, und das Prinzip, welches das Wesen des Menschen bildet, letztlich ein und dasselbe ist. Hier endete die lange Suche der Inder nach der durchgängigen Ursache aller Dinge, der Suche nach dem, »wo-

durch man alles kennt, wenn man es kennt«, wie es die Upanischaden ausdrücken. Passagen, die allein das Brahman oder allein den Ātman beschreiben, tauchen häufig in den Upanischaden auf, aber eben nicht nur in den Upanischaden, sondern auch in der früheren Literatur. Ihre ausdrückliche Identifizierung jedoch ist spezifisch für die Upanischaden.[19]

Was aber ist, einmal abgesehen von dieser textlichen Tatsache, die philosophische Bedeutung dieser Identifizierung? Zur Antwort auf diese Frage gelangen wir am besten durch die Perspektive, dass die Suche nach der letzten Wirklichkeit auf zwei Wegen vonstatten geht: einem äußeren Weg und einem inneren Weg. Der äußere Ansatz bestand in der Suche nach dem letzten Grund des äußeren Universums. Die folgende Passage aus den Upanischaden gibt uns einen Einblick in die Methodik dieser Vorgehensweise:

Der Regress auf Brahman, den letzten Grund der Welt

Dann befragte Gārgī Vāchaknavī ihn: »Yājñavalkya«, sagte sie, »da diese ganze Welt in Kette und Faden auf Wasser gewebt ist, auf was ist dann, so frage ich dich, das Wasser in Kette und Faden gewoben?«
»Auf Wind, o Gārgī.«
»Auf was ist dann, so frage ich dich, der Wind in Kette und Faden gewoben?«
»Auf die Luftraum-Welten, o Gārgī.«
»Auf was sind dann, so frage ich dich, die Luftraum-Welten in Kette und Faden gewoben?«
»Auf die Welten der Gandharvas, o Gārgī.«
»Auf was sind dann, so frage ich dich, die Welten der Gandharvas in Kette und Faden gewoben?«

»Auf die Welten der Sonne, o Gārgī.«
»Auf was sind dann, so frage ich dich, die Welten der Sonne in Kette und Faden gewoben?«
»Auf die Welten des Mondes, o Gārgī.«
»Auf was sind dann, so frage ich dich, die Welten des Mondes in Kette und Faden gewoben?«
»Auf die Welten der Sterne, o Gārgī.«
»Auf was sind dann, so frage ich dich, die Welten der Sterne in Kette und Faden gewoben?«
»Auf die Welten der Götter, o Gārgī.«
»Auf was sind dann, so frage ich dich, die Welten der Götter in Kette und Faden gewoben?«
»Auf die Welten von Indra, o Gārgī.«
»Auf was sind dann, so frage ich dich, die Welten von Indra in Kette und Faden gewoben?«
»Auf die Welten von Prajāpati, o Gārgī.«
»Auf was sind dann, so frage ich dich, die Welten von Prajāpati in Kette und Faden gewoben?«
»Auf die Welten von Brahma, o Gārgī.«
»Auf was sind dann, so frage ich dich, die Welten von Brahma in Kette und Faden gewoben?«
Yājñavalkya sagte: »Gārgī, frage nicht zu viel, damit dir der Kopf nicht abfällt. Wahrlich, du fragst zu viel über eine Gottheit, über die man keine weiteren Fragen stellen kann. Gārgī, stelle nicht zu viele Fragen.«
Daraufhin gab Gārgī Vāchaknavī sich zufrieden.[20]

Der innere Weg nahm die Form einer Suche nach dem letzten Grund der eigenen Persönlichkeit an.

Doch was *war* das essenzielle Selbst des Menschen? Der Terminus, der in die vedische Untersuchung eingebracht wurde, war das übliche Wort für »Selbst«, Ātman, das gewöhnlich als Reflexivpronomen verwendet wird. Über diesen üblichen Gebrauch hinaus erhielt das Wort Ātman eine spezifische Bedeutung als der essenzielle Teil des Menschen, seine grundlegende Wirklichkeit. Manchmal wurde dieser als der Körper oder der Rumpf des Körpers im Unterschied zu den Gliedmaßen verstanden. Allmählich aber wurde der Ātman vom grobstofflichen physischen Körper unterschieden; er war das *innere* Selbst, das Prinzip oder die Wesenheit, die dem Menschen seine essenzielle Natur gab.[21]

Die folgende Passage aus den Upanischaden (*Brihadāranyaka Upanishad* IV.1–6) gibt uns ein nützliches, wenn auch schlichtes Beispiel aus den Schriften für diesen inneren Ansatz:

Das wahre Licht des Menschen ist der Purusha [die Seele]

Yājñavalkya kam zu Janaka, dem Fürsten der Videha, in der Absicht, sich mit ihm zu unterreden. Als Janaka, der Fürst der Videha, und Yājñavalkya bei dem Agnihotra sich unterredeten, sagte Yājñavalkya diesem die Erfüllung eines Wunsches zu. Janaka wählte die Erlaubnis, nach Belieben Fragen zu stellen. Diese gewährte er ihm. Da befragte ihn zuerst der Großkönig:
»Yājñavalkya, was dient dem Menschen als Licht?«
»Die Sonne, Großkönig, dient dem Menschen als Licht«, sprach er; »denn beim Licht der Sonne sitzt er, geht er umher, arbeitet er, kehrt er zurück.«
»So ist es, Yājñavalkya. Wenn aber, Yājñavalkya, die Sonne untergegangen ist, was dient dem Menschen als Licht?«
»Der Mond, Großkönig, dient dem Menschen als Licht«, sprach er; »denn beim Licht des Mondes sitzt er, geht er umher, arbeitet er, kehrt er zurück.«

»So ist es, Yājñavalkya. Wenn aber die Sonne untergegangen ist, Yājñavalkya, wenn der Mond untergegangen ist, was dient dem Menschen als Licht?«
»Das Feuer, Großkönig, dient dem Menschen als Licht«, sprach er; »denn beim Licht des Feuers sitzt er, geht er umher, arbeitet er, kehrt er zurück.«
»So ist es, Yājñavalkya. Wenn aber die Sonne untergegangen ist, wenn der Mond untergegangen ist, wenn das Feuer erloschen ist, was dient dann dem Menschen als Licht?«
»Die Stimme, Großkönig, dient dem Menschen als Licht«, sprach er; »denn beim Licht der Stimme sitzt er, geht er umher, arbeitet er, kehrt er zurück. Daher geht man, Großkönig, wenn man nicht einmal seine Hand erkennen kann, dorthin, wo eine Stimme ertönt.«
»So ist es, Yājñavalkya. Wenn aber die Sonne untergegangen ist, wenn der Mond untergegangen ist, das Feuer erloschen ist und die Stimmen schweigen, was dient dann dem Menschen als Licht?«
Das Selbst [Ātman], Großkönig, dient dem Menschen als Licht«, sprach er; »denn beim Licht des Selbstes sitzt er, geht er umher, arbeitet er, kehrt er zurück.«[22]

Anderswo in den Upanischaden wird in dem Versuch, den Ātman zu identifizieren, eine detailliertere Analyse der menschlichen Persönlichkeit durchgeführt. Eine dieser Analysen ist dadurch charakterisiert, dass sie bei der Analyse der menschlichen Person fünf Hüllen unterscheidet, während eine andere Analyse sich auf die Bewusstseinszustände konzentriert, die das Menschenwesen erfährt.
Die *Taitirīya Upanishad* (2. 1–6) spricht von fünf Hüllen oder *Koshas*, die man als Bestandteile der menschlichen Persönlichkeit unterscheiden kann. »In dieser Passage wird der Versuch unternommen, den Menschen auf fünf Ebenen zu ana-

lysieren, und zwar von den grobstofflicheren Formen fortschreitend hin zu den subtileren und deshalb wirklicheren Formen. Der *wirkliche* Mensch transzendiert den körperlichen, den vitalen, den mentalen, den intellektuellen und sogar den Seligkeits-Aspekt. Der Text kommt endlich zu dem Schluss, dass das wahre Selbst des Menschen identisch ist mit dem Brahman, das seine *raison d'être* ist.«[23]

In einem anderen Text (*Chāndogya Upanishad* 8:7–12) wird auf ähnliche Weise »das wahre essenzielle Selbst nacheinander mit dem körperlichen Selbst, dem Traum-Selbst und dem Selbst im Tiefschlaf identifiziert, und schließlich argumentiert, dass diese Lehren alle drei ziemlich unangemessen seien, da man nicht behaupten könne, dass die Natur des Selbst mit einem dieser drei Zustände, nämlich dem Wachzustand, dem Traumzustand oder der Tiefschlafzustand, identisch sei«[24]. Damit soll gesagt werden, dass »das wahre Selbst weder der Körper, noch der Geist noch die komplette Negation von Bewusstsein ist. Das Selbst ist gewiss bewusst, aber keiner anderen Sache als seiner selbst. Es ist reines Selbstbewusstsein als solches, und es ist dieser Zustand, in dem es mit der höchsten Wirklichkeit identisch ist«[25].

Dieses Bild wird in der *Māndūkya Upanishad* noch weiter ausgearbeitet.[26]

Bewusstseinszustand	**Zustand des Selbst**
Wachzustand	Vaishvānara
Traumzustand	Taijasa
Tiefschlafzustand	Prājña
Der Vierte	Ātman

Wie in den vorausgegangenen Passagen deutlich wird, haben die upanischadischen Seher den Ātman als das wahre Selbst identifiziert, indem sie bei der Untersuchung der menschlichen Persönlichkeit immer weiter nach *innen* gegangen sind,

ob sich diese Übung nun auf die Bestandteile des Selbst bezog (wie im Falle der fünf Hüllen) oder auf die Bewusstseinszustände, die vom Selbst erfahren werden (nämlich Wachzustand, Traumzustand und Tiefschlaf). Wir müssen uns nun daran erinnern, dass die upanischadischen Seher die wahre Grundlage des Universums als Brahman identifiziert haben, indem sie darin immer weiter nach *außen* gegangen sind, während der upanischadische Denker beim Blick nach innen erkannte, dass das innere Selbst der Ātman ist.[27]
Nun besteht die große Entdeckung der Upanischaden in der Identität des Grundes des Universums mit dem Grund unseres eigenen Seins. Ainslie Embree führt diesen Punkt anhand der unten zitierten Passagen noch weiter aus. In der ersten beschreibt er die Suche nach dem letzten Grund des objektiven Universums, in der zweiten die nach dem Grund des individuellen Subjekts. Die beiden werden dann in der abschließenden Passage zusammengebracht.

1. Auf ihrer Suche nach dem letzten Grund der Welt der natürlichen Phänomene, von Zeit und Raum und der menschlichen Existenz, kamen die Seher der Upanischaden zur Konzeption des Brahman, einer nicht zu leugnenden, unpersönlichen, nicht zu kennenden Macht.[28]
2. Den Fragen nach dem Grund der außeren Welt können wir jene Fragen gegenüberstellen, die das Innere erkunden, indem sie fragen, was mit dem Konzept des Selbst gemeint ist. Das Selbst konnte mit dem physischen Körper identifiziert werden, der »Nahrung«, wie manche der Denker der Upanischaden zu sagen geneigt waren. Aber das Bewusstsein, der Atem, der Wille, sie alle können für sich in Anspruch nehmen, als das Selbst betrachtet zu werden, und alle waren als endgültige Definitionen

unbefriedigend. Vonnöten war vielmehr etwas, von dem man sagen konnte, dass es jenseits allen Wandels war, etwas, das in der Tat unsterblich war. Dieses Etwas wurde im Konzept des Ātman gefunden.[29]

3. Im Makrokosmos des Universums sahen die Weisen das Brahman; im Mikrokosmos ihres eigenen Seins sahen sie den Ātman. Die Erkenntnis, dass es zwischen den beiden keinen Unterschied gibt, dass der Grund des eigenen Seins identisch ist mit dem Grund des Universums, ist die große Entdeckung der Denker der Upanischaden. »Wer immer also weiß, *Ich bin* Brahman«, so verkündet der Weise, »der wird zu all diesem. Selbst die Götter haben keine Macht zu verhindern, dass er also wird, denn also wird er zum Selbst.« Wir sollten uns ganz klar darüber sein, dass dies nicht als eine Verschmelzung mit dem Göttlichen oder eine Vereinigung von Gott und Mensch oder das Erreichen eines Zustandes der Einheit beschrieben wird. Es ist vielmehr die Anerkennung der Tatsache, dass es nichts »Göttliches« getrennt vom Individuum gibt, kein Sein gegenüber dem Selbst, keinen Prozess, in dem man wird, was man zuvor nicht war, sondern nur das Wissen um die Wahrheit, die es schon immer gegeben hat.[30]

Diese Identifizierung von Ātman und Brahman bestärkt beide Konzepte. Wie M. Hiriyanna aufzeigt, gibt es mit der Annäherung an die letzte Wirklichkeit über das Brahman Schwierigkeiten:

> Ein solches Prinzip muss nicht unbedingt spiritueller Natur sein, es könnte genauso gut ein materielles oder physisches Etwas sein. Außerdem ist ein objektives Konzept wie das obige wenig mehr als eine Hypothese zur Erklärung des Ursprungs des Universums und es

> gibt nichts, das uns dazu zwingen würde anzunehmen, dass es tatsächlich existiert; es kommt zu keinerlei logischem Widerspruch, wenn wir es leugnen. Einige Denker scheinen dies in der Tat bereits zur Zeit der Upanischaden getan zu haben; sie haben behauptet, dass »diese Welt am Anfang einfach Nichtsein war«.[31]

Aber auch die Annäherung an die letzte Wirklichkeit über den Ātman ist nicht frei von Problemen:

> Wenn wir von der Idee des Selbst ausgehen statt von der des Brahman, dann stoßen wir auf dieselben Schwierigkeiten. Denn auch wenn das Selbst auf etwas Spirituelles hinweist, etwas das eine nicht zu leugnende Tatsache ist, so ist es, wie wir wissen, seiner Natur nach notwendig begrenzt. Auf welche Weise wir seine Natur auch immer ansehen, es wird auf der einen Seite von der Welt der Natur und auf der anderen Seite von den anderen Selbsten begrenzt.[32]

Wenn wir die beiden jedoch miteinander identifizieren, so scheint das den Effekt zu haben, dass eines dem anderen hilft, seine Unzulänglichkeiten zu überwinden. Es wurde schon darauf hingewiesen, dass das Brahman zu hypothetisch erscheinen mag, um wahr zu sein. Aber durch »seine Identifizierung mit dem Ātman werden zwei Dinge erreicht: Der spirituelle Charakter dieses Prinzips wird etabliert und die Ungewissheit hinsichtlich seiner Existenz wird ausgeräumt«[33]. Wir haben ebenfalls bereits angedeutet, dass der Ātman zu persönlich erscheinen mag, so sehr, dass er begrenzt und endlich, wenn auch sehr wirklich erscheint. Doch »es ist dieser Mangel der Begrenztheit, der durch seine Identifizierung mit Brahman oder der alles umfassenden ersten Ursache des Universums wettgemacht wird«[34].

Man kann diese Identifizierung von Ātman und Brahman verschieden interpretieren. Troy Wilson Organ zählt auf:

> Die Frage, die sich zuerst stellt, ist die über die Bedeutung des verbindenden Wortes »ist«. Das Wort »ist« hat wenigstens fünf logisch unterscheidbare Bedeutungen: 1) Aussage, zum Beispiel »Dieser Apfel ist grün«, 2) Einschließung einer Klasse, zum Beispiel »Rex ist ein Hund«; 3) Zugehörigkeit zu einer Klasse, zum Beispiel »Braune Pelikan sind am Aussterben«; 4) Gleichheit, zum Beispiel »Zwei und zwei ist vier«; 5) Identität, zum Beispiel »IV ist [gleichwertig mit] 4.«. Ātman ist Brahman scheint eine Art von Identität oder Gleichwertigkeit zu sein.
> Es gibt viele Klassen von Identität: 1) absolute physische Identität, zum Beispiel »A ist identisch mit A«; 2) relative physische Identität; zum Beispiel identische Zwillinge; 3) dieselbe Entität in verschiedenen Stadien der Entwicklung, zum Beispiel Lieschen Müller als Mädchen und Lieschen Müller als Frau; 4) dieselbe Spezies, zum Beispiel Goethe als Mensch und Shakespeare als Mensch; 5) dasselbe Wesen in verschiedenen Zusammenhängen, zum Beispiel Lotte als Mutter und Lotte als Ehefrau; 6) Ganzes und Teil, zum Beispiel eine aus dem Atlantischen Ozean geschöpfte Tasse Wasser und der Atlantische Ozean selbst; 7) Erscheinung und Wirklichkeit, zum Beispiel ein Foto und die Person, von der das Foto gemacht ist; 8) dasselbe Objekt aus verschiedenen Perspektiven gesehen, zum Beispiel das »Kippbild« junge Frau/alte Hexe. Wahrscheinlich bezeichnet die letztere Klasse von Identität die Identität von Ātman und Brahman: Ātman ist die Totalität innerlich gesehen; Brahman ist die Totalität äußerlich gesehen.[35]

Der wichtigste Punkt, den es hier zu bemerken gilt, ist, dass wir Identität ontologisch verstehen müssen. Die oben zitierte Passage hilft uns zu erklären, was mit Identität gemeint ist. Es ist jedoch genauso wichtig zu verstehen, was mit Identität *nicht* gemeint ist. Wenn im Advaita Vedānta behauptet wird, dass Ātman Brahman ist, dann soll damit zuerst einmal nicht gesagt werden, dass der Ātman *zu* Brahman *wird*, etwa in einem Moment der Verwirklichung. Wenn man überhaupt von Verwirklichung sprechen kann, dann besteht die Verwirklichung in der Erkenntnis der Tatsache, dass Ātman Brahman ist, Brahman war und immer Brahman sein wird. Diesen Punkt kann man mit Hilfe der Parabel vom »verlorenen Königssohn« erklären, in der »ein Prinz, der von früher Kindheit an als ein armer Jäger aufgezogen wurde, schließlich entdeckt, dass er königlichen Blutes ist. Das hat nichts mit irgendeinem *Werden* zu tun, denn er war schon immer ein Prinz, und alles, was nötig war, bestand darin, zu fühlen oder zu erkennen, dass er einer ist.«[36] Die metaphysische Moral der ganzen Geschichte ist, dass es niemals eine Zeit gegeben hat, zu der der Jäger nicht ein Prinz war.

Wenn im Advaita Vedānta behauptet wird, dass Ātman Brahman ist, dann soll damit zweitens *nicht* gesagt werden, dass Ātman mit Brahman verschmilzt oder darin aufgeht. Ein Beispiel aus der Astronomie mag hier hilfreich sein. Für lange Zeit erkannten die Astronomen zwei ferne Sterne, einen »Morgenstern« und einen »Abendstern«, bis entdeckt wurde, dass beide die Venus waren. Bedeutet dies etwa, dass der Morgenstern mit dem Abendstern verschmolz oder der Abendstern mit dem Morgenstern? Da beide bereits die Venus waren, kann man nicht behaupten, dass so etwas geschehen ist.

Drittens wird manchmal behauptet, »Ātman ist Brahman« sei keine metaphysische Aussage, sondern eine soteriologische Behauptung«[37]. Betrachten Sie etwa die folgende Interpretation, die Rudolf Otto uns anbietet: »Das Wort ›ist‹ in der mystischen Formel der Identifizierung [Ātman ist Brahman] hat eine Bedeutung, die nicht logischer Natur ist. Es ist keine Kopula wie in dem Satz: s ist P; es ist kein Gleichheitszeichen in einer umkehrbaren Gleichung. Es ist nicht das ›ist‹ einer normalen Bestätigung von Identität.« Um nun darzulegen, was der Satz aussagen möchte, fügt Otto hinzu: »Man könnte das ›Ich bin Brahman‹ zum Beispiel auch folgendermaßen zum Ausdruck bringen: ›Ich werde von Brahman *existiert* oder von Brahman *essenziert* oder Brahman existiert mich.‹«[38] Dieser Vorschlag ist zwar höchst interessant, aber im Rahmen des Advaita Vedānta nicht akzeptabel.

Viertens meint »Ātman ist Brahman« nicht, dass Ātman ein Teil von Brahman ist. Vom Jīva als dem verkörperten Ātman könnte man in einem erweiterten Sinne sagen, dass er als Teil des Universums, von dem er eine Unterabteilung ist, im Brahman enthalten ist. Aber das ist auch schon alles, was man sagen kann, denn in Wahrheit ist es folgendermaßen: »So wie man von einem reinen weißen, durchscheinenden Kristall fälschlicherweise annimmt, er sei rot, wenn man eine rote Blume neben ihn gelegt hat, oder wie der Unwissende fälschlicherweise glaubt, der farblose Himmel sei mit Schmutz befleckt, so wie man im Zwielicht ein Seil fälschlich für eine Schlange oder wie man eine Muschel für Silber halten kann, so kann man den nondualen Ātman und Brahman fälschlicherweise für das empirische Selbst halten.«[39] Wir müssen hier Shankaras Kommentar zum *Brahmasūtra* heranziehen, um darauf hinzuweisen, dass »die individuelle Seele nicht direkt der höchste Ātman ist … aber auch nicht vom Ātman verschieden ist«. Sie ist nicht Ersteres, weil sie begrenzenden Hinzufügungen unterworfen ist, aber sie ist nicht verschieden, weil sie auch begrenzender Hinzufügungen beraubt ist. Alle empirischen Selbste sind auch in Brahman enthalten, aber die genaue Natur ihrer Beziehung ist umstritten.[40]

Das bist du

Der vierte Mahāvākya ist: »Das bist du.« Wenn wir analysieren, wie dieser »Große Satz« zu verstehen ist, dann erhalten wir damit zugleich eine nützliche Einführung in die Hermeneutik vedischer Aussagen.

Wir haben bereits früher darauf hingewiesen, dass Mīmāmsā und Vedānta im Unterschied zu den anderen vier orthodoxen Schulen der Hindu-Philosophie ihre Philosophie tatsächlich auf die Lehren der Vedas gründen statt nur die Autorität der Vedas anzuerkennen, wie es bei den anderen vier Schulen üblich ist. Darum wird in diesen beiden Schulen das Thema der Exegese der Vedas direkt angesprochen. Die exegetische Schlüsselfrage ist immer wieder: Wie lässt sich die Bedeutung einer bestimmten Textpassage bestimmen? Die Mīmāmsā-Schule des Denkens kam zu der Schlussfolgerung, dass die Bedeutung einer Textpassage unter Berücksichtigung von sechs Faktoren bestimmt werden sollte. Dieses sechsfältige Kriterium wird *Shadlinga* genannt und man sagt, dass es aus den folgenden sechs Elementen besteht:

> 1) Einheit der anfänglichen und der abschließenden Passagen (*Upakramopasamhāraikya*); 2) Wiederkehr des Themas (*Abhyāsa*); 3) die neue Schlussfolgerung, die herausgearbeitet werden soll (*Apūrva*); die Fruchtbarkeit einer solchen Schlussfolgerung (*Phala*); die verbreitete Belobigung oder Kritik der Schlussfolgerung (*Arthavāda*); die verbreitete Diskussion (*Upapatti*). Auch der Advaita Vedānta akzeptiert diese Kriterien als die *Pramānas* für die Bestimmung des Sinnes.[41]

Aber auch wenn sowohl Mīmāmsā als auch Advaita Vedānta diese Kriterien akzeptieren, so setzen sie doch *unterschiedliche* Prioritäten, was die zu interpretierenden Teile der Vedas an-

geht – nämlich einerseits die früheren Teile und andererseits die späteren Teile –, und so kommt es, dass sie trotz der Anwendung derselben Kriterien zu unterschiedlichen Schlussfolgerungen hinsichtlich des Sinnes der Vedas gelangen. Wir sollten jedoch nicht vergessen, dass auch andere Systeme des Vedānta neben dem Advaita diese Kriterien ebenfalls akzeptieren und dennoch zu unterschiedlichen Schlussfolgerungen über den Sinn selbst der »späteren Teile« der Vedas gelangen. Diese Unterschiede sind allerdings das Ergebnis einer unterschiedlichen Interpretation *derselben* vedischen Texte, während sich die Unterschiede zwischen Mīmāmsā und Vedānta und insbesondere dem Advaita Vedānta aus der Anwendung derselben exegetischen Kriterien auf unterschiedliche Gruppen von vedischen Texten ergeben.
Wir können nun dazu übergehen zu untersuchen, wie die advaitische Exegese arbeitet, indem wir sie auf eine bestimmte Passage aus den Schriften anwenden. Die hier ausgewählte ist eine berühmte Passage aus der *Chāndogya Upanishad.* Sie hat die Form eines Dialogs zwischen einem Vater (Uddālaka) und seinem Sohn (Shvetaketu). Der folgende Auszug bereitet die Bühne:

> Shvetaketu war der Sohn des Āruni. Zu ihm sprach der Vater: »Shvetaketu, tritt ein in den heiligen Schülerstand. Denn es gibt aus unserem Geschlecht, mein Lieber, keinen, der nicht studiert hätte und nur eine Art Brahmanenvetter wäre.«
> Zwölf Jahre alt begab dieser sich da in die Lehre, mit vierundzwanzig Jahren hatte er alle Vedas studiert und kehrte hochfahrend, wissensstolz und eingebildet heim.
> Zu ihm sprach der Vater: »Shvetaketu, wenn du, mein Lieber, so hochfahrend, wissensstolz und eingebildet bist, hättest du noch nach der Unterweisung gefragt,

durch die das Ungehörte gehört, das Ungedachte gedacht, das Unerkannte erkannt ist?«
»Wie ist diese Unterweisung, Ehrwürdiger?«
»Mein Lieber, wie man an einem Lehmklumpen alles erkennt, was aus Lehm ist, die Umwandlung nur ein Behelf im Ausdruck, eine Bezeichnung, die Wirklichkeit aber ›Lehm‹ ist; wie, mein Lieber, man an einer kleinen Kupferkugel alles, was aus Kupfer ist, erkennt, die Umwandlung nur ein Behelf im Ausdruck, eine Bezeichnung, die Wirklichkeit aber ›Kupfer‹ ist; wie, mein Lieber, man an einer Nagelschere alles, was aus Eisen ist, erkennt, die Umwandlung nur ein Behelf im Ausdruck, eine Bezeichnung, die Wirklichkeit aber ›Eisen‹ ist, derart, mein Lieber, ist die Unterweisung.«
»Das haben die Ehrwürdigen sicher nicht gewusst. Wenn sie es gewusst hätten, wie sollten sie es mir nicht gesagt haben. Aber der Ehrwürdige wolle mir das erklären.«
»Ja, mein Lieber«, sprach er.[42]

Wir steigen nun an folgendem Punkt in die fortlaufende Diskussion ein, an dem der Vater dem Sohn die spirituelle Bedeutung des Todes erläutert:

»Was diesen Punkt angeht, mein Lieber, verstehe, dass dieser (Körper) ein Spross ist, der gewachsen ist. Er wird nicht ohne eine Wurzel sein.
Wo anders könnte seine Wurzel sein als im Wasser? Beim Wasser, mein Lieber, als ein Spross schau auf die Hitze als die Wurzel. Bei der Hitze, mein Lieber, als ein Spross schau auf das Sein als die Wurzel. Alle Kreaturen hier, mein Lieber, haben das Sein als ihre Wurzel, haben das Sein als ihren Wohnort, haben das Sein als ihre Stütze.

Aber wie, wahrlich mein Lieber, wird jede dieser drei Gottheiten, wenn sie zum Menschen gelangen, dreifältig, wie ich zuvor schon erklärt habe?
Wenn ein Mensch hier stirbt, mein Lieber, dann geht sein Sprechen in sein Denken über, sein Denken geht in den Atem über, sein Atem geht in die Hitze über und die Hitze in die höchste Gottheit.
Was jedoch das äußerst Subtile angeht, das hat die ganze Welt als ihre Seele. Das ist die Wirklichkeit (*Satya*). Das ist der Ātman (die Seele). Das bist du, Shvetaketu.«
»Bitte belehrt mich weiter, Ehrwürdiger. Lasst mich noch mehr verstehen.«
»Nun gut, mein Lieber«, sprach er.[43]

Der Leser wird bemerkt haben, dass der Mahāvākya, der hier zur Diskussion steht, »Das bist du«, in diesem Teil des Dialoges zwischen Vater und Sohn aufgetaucht ist. Er wird noch achtmal wiederkehren, und die Passagen, in denen er die abschließende Aussage bildet, sind unten wiedergegeben. In diesen Passagen taucht derselbe Mahāvākya jedoch in unterschiedlichen Zusammenhängen auf. Ich werde deshalb in jedem dieser Fälle eine kurze einleitende Bemerkung vorausschicken, um Sie auf den Punkt aufmerksam zu machen, den Sie beachten sollten. Beim nächsten Auftreten zum Beispiel wird die »Metapher des Honigs« benutzt. Man könnte sagen, dass diese Passage unter anderem die Glückseligkeit hervorhebt, die aus der Erkenntnis der Identität von Ātman und Brahman fließt, die hier durch den Honig symbolisiert wird.[44]

»Die Bienen sammeln die Säfte von allen möglichen Bäumen. Dann vermischen sie sie, und daraus entsteht eine Einheit, der Honig.
In diesem Honig bestehen aber die Unterschiede der einzelnen Säfte nicht mehr. Ebenso haben alle Lebe-

wesen, wenn sie in das Seiende eingehen, kein Bewusstsein davon, dass sie in das Seiende eingehen.
Was immer sie auch waren – Tiger, Löwen, Eber, Würmer, Vögel, Bremsen oder Mücken, dazu werden sie auch wieder.
Was das äußerst Subtile jedoch angeht, daraus besteht die ganze Welt. Das ist die wahre Wirklichkeit. Das ist der Ātman. Das bist du, Shvetaketu.«
»Sprecht noch weiter, Ehrwürdiger! Belehrt mich.«
»Nun gut, mein Lieber«, antwortete er.[45]

In der folgenden Passage wird die »Metapher des Ozeans« verwendet. Es heißt, dass diese Passage auf die Grandiosität der Erfahrung der letzten Wirklichkeit hindeuten soll. Auch auf den Verlust der Individualität und deren gleichzeitiges Weiterbestehen als Universalität wird hier hingewiesen.[46] Der Fluss hört auf, Fluss zu sein, aber er hört dadurch nicht auf zu sein.

»Die westlichen Flüsse fließen nach Westen, mein Sohn, und die östlichen nach Osten. Sie kommen aus dem Meer und fließen ins Meer. Sie bilden das Meer. Dort im Meer wissen sie aber nichts mehr von ihrer Verschiedenheit.
Ebenso wissen die Geschöpfe, wenn sie aus dem Seienden hervorgegangen sind, nicht mehr, dass sie aus dem Seienden hervorgegangen sind. Was immer sie auch waren – Tiger, Löwen, Wölfe, Eber, Würmer, Vögel, Bremsen oder Mücken, dazu werden sie auch wieder.
Was das äußerst Subtile jedoch angeht, daraus besteht die ganze Welt. Das ist die wahre Wirklichkeit. Das ist der Ātman. Das bist du, Shvetaketu.«
»Sprecht noch weiter, Ehrwürdiger! Belehrt mich.«
»Nun gut, mein Lieber«, antwortete er.[47]

In der folgenden Passage wurde die »Metapher des Baumes« verwendet. Sie betont die der Identifizierung von Ātman und Brahman innewohnende Immanenz und wechselseitige Durchdringung.
Diese Passage verstehen wir vielleicht am besten im Lichte des folgenden Kommentars von Heinrich Zimmer: »Nach dieser Brahmanischen Formel ist die Dialektik des Universums eine Manifestation eines transzendenten, nondualen, transdualen und doch immanenten Prinzips, welches die Welt der Namen und Formen (*Nāmarūpa*) einerseits hervorbringt und andererseits auch als ihr belebendes Prinzip in ihr wohnt. Der Dualismus von *natura naturans* (*Prakriti*) und der transzendenten immateriellen Monade (*Purusha*) wird damit selbst transzendiert.«[48]

> »Schneidet man einen Baum an der Wurzel an, dann tritt zwar Saft aus, aber er lebt weiter. Schneidet man ihn in der Mitte an, tritt ebenfalls Saft aus, aber er lebt auch dann weiter. Auch wenn man ihn ganz oben anschneidet, tritt Saft aus, aber trotzdem lebt er weiter. So steht er in seiner ganzen Pracht da, vom Lebenssaft, dem Ātman, erfüllt, und er trinkt voller Freude.
> Verlässt aber der Lebenssaft einen Ast, dann verdorrt er. Verlässt er einen zweiten und dritten Ast, so verdorren auch diese. Verlässt er aber den ganzen Baum, dann verdorrt der ganze Baum.
> So erkenne es auch beim Menschen. Wenn ihn die Lebensenergie verlässt, dann stirbt er. Diese Lebensenergie aber stirbt nicht.
> Was dieses äußerst Subtile jedoch angeht, daraus besteht die ganze Welt. Das ist die wahre Wirklichkeit. Das ist der Ātman. Das bist du, Shvetaketu.«
> »Sprecht noch weiter, Ehrwürdiger! Belehrt mich.«
> »Nun gut, mein Lieber«, antwortete er.[49]

In der folgenden Passage wird die »Metapher des Samens« verwendet. Sie betont unter anderem die Subtilität der Identität von Brahman und Ātman. J. Brereton fasst ihre Bedeutung folgendermaßen zusammen:

> Zuerst stellt die Passage fest, dass der Baum aufgrund einer unsichtbaren Essenz wächst und lebt. Dann sagt sie im Refrain, dass alles, die gesamte Welt, aufgrund einer solchen Essenz existiert. Diese Essenz ist die Wahrheit, denn sie ist dauernd und wirklich. Sie ist das Selbst, denn alles existiert mit Bezug darauf. Dann und zu guter Letzt personalisiert Uddālaka die Lehre. Shvetaketu soll sich selbst *auf die gleiche Weise* ansehen. Auch er ist, wie der Baum und die gesamte Welt, von dieser Essenz durchdrungen, die die letzte Wirklichkeit und sein wahres Selbst ist.[50]

Hier mag zudem impliziert sein, dass »die Welt, die Name und Form hat, aus dem reinen Sein entsteht, das subtil ist und weder Name noch Form besitzt«.[51] Die Passage lautet folgendermaßen:

> »Bring mir eine Frucht des Nyagrodha-Baumes!«
> »Hier ist sie, Ehrwürdiger!«
> »Spalte sie!«
> »Ja, Ehrwürdiger, – Jetzt ist sie gespalten.«
> »Was siehst du darin?«
> »Ganz kleine Kerne, Ehrwürdiger.«
> »Spalte einen von ihnen!«
> »Ja, Ehrwürdiger. – Er ist gespalten.«
> »Was siehst du darin?«
> »Gar nichts, Ehrwürdiger.«
> Da sprach er: »Das äußerst Subtile, das du nicht wahrnehmen kannst, mein Sohn, daraus ist dieser große

Nyagrodha-Baum gewachsen. Das musst du glauben, mein Lieber.
Aus diesem äußerst Subtilen besteht die ganze Welt. Das ist die wahre Wirklichkeit. Das ist der Ātman. Das bist du, Shvetaketu.«
»Sprecht noch weiter, Ehrwürdiger! Belehrt mich.«
»Nun gut, mein Lieber«, antwortete er.[52]

Die folgende Passage kann man als Antwort auf die Frage lesen: »Wenn Reines Sein die Essenz von allem, was existiert, ist, warum kann man sie dann nicht wahrnehmen?« Die hier vorgeschlagene Antwort wird mit der »Parabel des Salzes« gegeben. Genauso wie »wir in der Lage sind, Salz im Wasser [durch den Geschmack] wahrzunehmen, aber nicht mit dem Tast- oder dem Gesichtssinn, genauso sind wir in der Lage, das Reine Sein auf andere Weise wahrzunehmen, auch wenn es für unsere Sinne nicht offensichtlich ist«.[53] Die Passage weist auf die transzendentale und dennoch erfahrbare Natur der Identität von Ātman und Brahman hin.

»Wirf ein Stück Salz ins Wasser und komme morgen wieder.«
Shvetaketu tat es.
Am nächsten Morgen verlangte sein Vater: »Bring mir das Salz, das du gestern ins Wasser geworfen hast!«
Er suchte danach, fand es aber nicht mehr wieder.
Es war wie verschwunden.
»Probiere das Wasser hier von dieser Seite! Wie schmeckt es?«
»Salzig.«
»Probiere es jetzt aus der Mitte! Wie schmeckt es?«
»Salzig.«
»Und jetzt probiere es von der anderen Seite! Wie schmeckt es?«

»Salzig.«
»Stelle es nun beiseite, und setz dich neben mich.«
Das tat er und sagte dann: »Das Salz ist immer noch vorhanden!»
Darauf erwiderte sein Vater: »Ebenso kannst du auch das Seiende in deinem Körper nicht sehen, es ist aber dennoch darin enthalten.
Aus diesem äußerst Subtilen besteht die ganze Welt. Das ist die wahre Wirklichkeit. Das ist der Ātman. Das bist du, Shvetaketu.«
»Sprecht noch weiter, Ehrwürdiger! Belehrt mich.«
»Nun gut, mein Lieber«, antwortete er.[54]

Die nächste Passage enthält die »Parabel von dem Menschen mit verbundenen Augen«. Da wir zurzeit blind sind für die Wirklichkeit, wie könnten wir sie erreichen? Diese Passage betont, dass es ratsam ist, einen geeigneten Führer oder Lehrer zu haben. Wie Franklin Edgerton schon vor langer Zeit bemerkt hat:

> Diese Sektion enthält das wunderschöne Gleichnis eines Menschen, der in ein fremdes Land gebracht wird und den man dort mit verbundenen Augen zurücklässt, so dass er ziellos umherwandert, bis ihm jemand die Augenbinde abnimmt und ihm sagt, in welche Richtung er gehen soll: Dann findet er seinen Weg nach Hause. Ganz genauso wandert ein Mensch in dieser Welt, der nicht die wahre Unterweisung in der Philosophie der Upanischaden erhalten hat, ziellos umher; sein mentales Augenlicht wird von der Augenbinde der Unwissenheit verdunkelt, bis ein Lehrer die Binde der Unwissenheit entfernt und ihm sagt, in welche Richtung er den Lauf seines Lebens lenken soll. Dann wird er sein wahres Ziel erreichen.[55]

»Stell dir vor, mein Junge, man würde einen Menschen mit verbundenen Augen aus dem Land der Gandhāras wegführen und ihn dann in einer einsamen Gegend freilassen. Er würde, weil man ihn mit verbundenen Augen dahin geführt hat und seine Augen immer noch verbunden sind, in allen Richtungen umherirren.
Käme nun jemand, nähme ihm die Augenbinde ab und zeigte ihm die Richtung: ›Dort liegt das Land der Gandhāras. Gehe dorthin!‹, dann könnte er sich von Dorf zu Dorf durchfragen. Man würde ihm überall weiterhelfen und ihn belehren, bis er schließlich wieder im Lande der Gandhāras angekommen wäre.
Ebenso verhält es sich hier auf Erden mit einem Menschen, der einen Meister gefunden hat. Er weiß: ›Ich werde nur so lange hier in der Welt bleiben, bis ich befreit bin. Dann werde ich nach Hause zurückkehren.‹
Aus diesem äußerst Subtilen besteht die ganze Welt. Das ist die wahre Wirklichkeit. Das ist der Ātman. Das bist du, Shvetaketu.«
»Sprecht noch weiter, Ehrwürdiger! Belehrt mich.«
»Nun gut, mein Lieber«, antwortete er.[56]

In der folgenden Passage wird die Bedeutung dieser Einsicht im Kontext der »Erfahrung des Todes« erklärt. Hier wird gesagt, dass ein sterbender Mensch, der die Identität von Ātman und Brahman erkannt hat, in einem Zustand nach dem Tode alle Formen phänomenaler Existenz transzendiert.

»Um einen todkranken Mann sitzen seine Verwandten herum und fragen ihn: ›Erkennst du mich? Erkennst du mich?‹
Solange sein Sprechen noch nicht im Denken aufgegangen ist, sein Denken noch nicht im Atem, sein Atem noch nicht in der Hitze und diese noch nicht in der höchsten Gottheit, so lange erkennt er sie.

> Sobald aber sein Sprechen im Denken aufgegangen ist, sein Denken im Atem, sein Atem in der Hitze und die Hitze in der höchsten Gottheit, erkennt er sie nicht mehr.
> Aus diesem äußerst Subtilen besteht die ganze Welt. Das ist die wahre Wirklichkeit. Das ist der Ātman. Das bist du, Shvetaketu.«
> »Sprecht noch weiter, Ehrwürdiger! Belehrt mich.«
> »Nun gut, mein Lieber«, antwortete er.[57]

In der folgenden Passage wird uns die »Metapher von der erhitzten Axt der Feuerprobe« vorgestellt. Sie betont die Unverletzlichkeit, die einem Menschen durch die Erkenntnis der Identität verliehen wird; manch einem mag dies vielleicht als ein übermäßiges Vertrauen in das Vermögen metaphysischer Wirklichkeit, die empirische Realität zu beeinflussen, erscheinen.[58]

> »Stell dir Folgendes vor: Ein Mensch wird mit gefesselten Händen herbeigeführt und beschuldigt: ›Er hat gestohlen, er hat einen Diebstahl begangen! Macht das Beil für ihn heiß!‹ Hat er wirklich gestohlen, bestreitet es aber, dann verstrickt er sich immer weiter in Lügen; er umhüllt sich gewissermaßen mit der Unwahrheit. Berührt er nun das heiße Beil, so verbrennt er sich. Das beweist, dass er schuldig ist, und so wird er hingerichtet.
> Hat er aber nicht gestohlen, dann sagt er die Wahrheit und umhüllt sich gewissermaßen mit der Wahrheit. Fasst er dann das Beil an, verbrennt er sich nicht, und er wird freigelassen.
> Das, aufgrund dessen jener sich nicht verbrannt hat, daraus besteht die ganze Welt. Das ist die wahre Wirklichkeit. Das ist der Ātman. Das bist du, Shvetaketu.«
> So hat der Vater seinen Sohn belehrt.[59]

Lassen Sie uns nun das sechsfältige Kriterium anwenden, um die Wichtigkeit der ausgewählten Passagen zu beurteilen. Das erste Kriterium betrifft die Einheit der einleitenden und der abschließenden Passagen. Die einleitende Passage behauptet: »Das bist du«, und dasselbe tut auch die abschließende Passage. Das zweite Kriterium betrifft die Wiederholung des Themas. Die Behauptung »Das bist du« wird in der ausgewählten Passage »neunmal«[60] wiederholt. Das dritte Kriterium betrifft die Neuheit. Die Behauptung »Das bist du« ist dermaßen neuartig, dass sie schon geradezu sensationell ist. Das vierte Kriterium bezieht sich auf das Resultat. Das Resultat besteht im Gewinn von Erkenntnis, ja von erlösender Erkenntnis. Das fünfte Kriterium ist Belobigung oder Empfehlung. Ganz offensichtlich wird diese Einsicht durchgängig empfohlen, und die Tatsache, dass sie *durchgängig* empfohlen wird, erfüllt auch das sechste und letzte Kriterium. Beachten Sie, dass der Sinn der Aussage der der Nondualität von »Das« und »Dies« ist.
Nun, da die Bedeutung festgestellt worden ist, müssen wir uns fragen, wie sie zu verstehen ist – wörtlich oder in übertragenem Sinne?[61]
Shankara versteht die Aussage hauptsächlich im wörtlichen Sinne[62], und im Advaita Vedānta wird sehr stark betont, dass »der Satz Apposition (*Samānādhikarana*) zwischen Brahman und der individuellen Seele zum Ausdruck bringt«[63].
Vom Standpunkt des Advaita Vedānta ist die Tatsache, dass die beiden in Apposition stehen, wichtig, weil es uns ermöglicht, darauf hinzuweisen, wie die Aussage nicht (miss)verstanden werden sollte. (1) Sie sollte nicht als Tautologie verstanden werden, denn »diese upanischadische Aussage räumt die Verblendung der Unterschiedenheit von Brahman und individueller Seele aus, auch wenn ihre Identität erkannt wird, sobald die wahre Natur von beiden erkannt wird. Denn Brahman ist das Selbst von allem, und das ›Selbst‹ ist nicht

wirklich der Körper oder das Ich, sondern SEIN.«[64] (2) Die Aussage ist nicht als Identität von zwei *verschiedenen* Dingen wie Ursache und Wirkung zu verstehen (»Der Topf *ist* aus Ton«) oder als eine Substanz und deren Attribut (»Der Lotos *ist* blau«), denn hier wird die Identität einer Sache mit sich selbst behauptet. (3) Die Aussage ist nicht als Aufforderung zu verstehen, sie als solche zu behandeln, wie zum Beispiel in der Meditation, denn der Satz hat keinerlei Bezug zu einem Handeln. Er sagt eine Tatsache aus und ist keine Ermahnung.[65] (4) Die Aussage ist nicht als Implikation zu verstehen. Diese Ansicht »basiert auf der Voraussetzung, dass die Wörter sich direkt auf Substantive beziehen und nicht auf die Attribute von Substantiven und dass Wörter, wenn sie sich auf Attribute beziehen müssen, dies per Implikation tun«[66].

> Ein Kritiker könnte fragen: »Wenn gesagt wird, dass hier nur die Identität der Substative – Brahman und Jīva – behauptet wird, wie sind sie dann von ihren Attributen unterschieden worden? Ein Advaitin könnte antworten, dass andere hinduistische Schulen (zum Beispiel die von Rāmānuja) auch die Allwissenheit usw. als Attribute von Brahman und die Unwissenheit usw. als Attribute von Jīva akzeptieren. Außerdem sollte, wie später gezeigt wird, bevor die Aussage »Das bist du« gehört wird, die Bedeutung von »Das« und von »du« geklärt werden (*tattvam-padārtha-shodhanā*). Wenn ein Mensch, der für sich selbst Klarheit über die Bedeutung dieser Wörter gewonnen hat, den Satz »Das bist du« hört, dann wird er offensichtlich verstehen, dass die behauptete Identität nur die zwischen den Substantiven und nicht die zwischen den Attributen ist. Das ist so, als sagte jemand: »Bring mir den Krug.« Er versteht unter »Krug« dann nicht die »Krugheit«, sondern ein bestimmtes Ding. Wenn für

ihn dann die Frage auftaucht: »Was geschieht mit den Attributen?«, so werden ihm die heiligen Schriften, unterstützt vom Verstand, demonstrieren, dass sie Produkte der *Māyā** sind. Auf diese Weise kann ein Advaitin diese Kritik abwehren.[67]

Brahman ist Geist

Wir können nun den fünften Mahāvākya untersuchen, der besagt, dass Brahman Geist ist, das heißt, dass es spiritueller und nicht materieller Natur ist.

Damit wir diesen Mahāvākya voll zu würdigen wissen, müssen unserem Bewusstsein drei Einsichten zugänglich gemacht werden. Die erste ist, dass sowohl materielle Objekte als auch immaterielle Augenfälligkeit zu den Bestandteilen unseres alltäglichen Daseins gehören. Diese Tatsache ist so offensichtlich, dass sie nur allzu leicht übersehen wird. Jedes Individuum ist sich sowohl materieller Objekte voll bewusst als auch des immateriellen Bewusstseins, das seine Person als ein individuelles Subjekt charakterisiert. In der Tat besitzt jedes Individuum einen Körper und einen Geist – der eine materieller, der andere immaterieller Natur.

Der zweite Punkt, denn wir erkennen müssen, ist, dass diese durchgängige Tatsache, wie bereits früher ausgeführt, zu drei fundamentalen philosophischen Sichtweisen führt. Auch wenn sowohl Materie als auch immaterielles Bewusstsein gleichermaßen in der menschlichen Existenz gegeben sind, könnte man doch argumentieren, dass ein jedes ein Epiphänomen des anderen sein könnte. Mit anderen Worten: Obwohl beide als empirische Realität erfahren werden, könnte nur eines davon, entweder Materie oder Geist, die letzte Wirklichkeit darstellen. Man könnte also den materialistischen Standpunkt vertreten und behaupten, dass das Bewusst-

* Wörtlich: Täuschung, Illusion, Schein (Anm. d. Übers.).

sein in letzter Analyse ein Nebenprodukt materieller Kräfte und Prozesse ist. So wie Nässe eine Eigenschaft ist, die keines der beiden Gase besitzt, aus denen Wasser zusammengesetzt ist, könnte Bewusstsein als eine Eigenschaft aus materiellen Grundlagen emergieren. Man könnte jedoch auch vom anderen Ende des Spektrums her argumentieren, dass Bewusstsein die einzige letzte Wirklichkeit darstellt und dass die Materie sein Produkt ist. Bewusstsein könnte Materie hervorbringen, so wie der lebende Körper leblose Fingernägel oder Haare hervorbringt. Auch eine dritte Position ist möglich, die sich weigert, das eine auf das andere zurückzuführen; diese Position könnte man als fundamentalen Dualismus bezeichnen. Wir haben bereits früher angeführt, dass sich die verschiedenen Schulen der indischen Philosophie entlang der Achse

Materialismus ... Dualismus ... Idealismus ...

anordnen lassen. Die übliche Anordnung der Aufzählung dieser Systeme beginnt mit der Chārvāka-Schule, die gewöhnlich als materialistisch bezeichnet wird, und endet mit der Diskussion von Schulen des Vedānta, die überwiegend idealistisch sind. Dies gilt noch mehr für den Advaita Vedānta.

Und noch einen dritten Punkt müssen wir beachten: Es ist schwierig die Behauptung des Materialismus oder des Idealismus auf *rein* logischer Basis zu widerlegen.[68] Mit anderen Worten: Wir scheinen hier an die Grenzen des Verstandes zu stoßen, so dass die Bedeutung, die wir der Autorität der Schriften im Allgemeinen und des Advaita Vedānta im Besonderen beimessen können, eine andere Gewichtung bekommt.

Diese Punkte in Erinnerung behaltend, können wir uns nun der Sichtweise des Advaita zuwenden, die ganz deutlich die Position der letztendlichen Wirklichkeit des Geistes bezieht. Die folgende Passage bringt die Position des Advaita in dieser Hinsicht bemerkenswert klar zum Ausdruck:

Der Advaita leugnet definitiv, dass es überhaupt irgendeine Beziehung zwischen so gegensätzlichen Dingen wie Geist und Materie geben kann. Gleichzeitig dürfen wir jedoch nicht vergessen, dass unsere Untersuchung der Erfahrung zu dem Schluss führt, dass die beiden nicht nur gemeinsam auftreten, sondern dass sie oft miteinander identifiziert werden, was zum Beispiel impliziert wird, wenn eine Person sagt: »Ich gehe.« Hier ist der Akt des Gehens offensichtlich etwas, das für den physischen Körper charakteristisch ist; dennoch wird das Gehen dem Selbst der Person zugeschrieben, das geistiger Natur ist. Die einzig vorstellbare Erklärung ist, dass ihre Verbindung bloßer Schein sein muss; die Beziehung zwischen ihnen muss, mit anderen Worten, letztlich trügerisch sein.

Shankara behandelt diesen Punkt in seiner berühmten Präambel zu dem Kommentar zum *Vedānta Sūtra*, das sehr kurz und in einer Art »Stenographie-Stil« geschrieben ist. »Das Selbst oder das *Ich-Element*«, sagt er dort, »ist dem Nicht-Selbst oder *Du-Element* derart entgegengesetzt, dass sie niemals voneinander prädiziert werden können.« Ein notwendiger Folgesatz dieser Schlussfolgerung ist, dass eines der miteinander in Beziehung gebrachten Elemente unwirklich sein muss. Beide kann man natürlich nicht als unwirklich betrachten, denn in diesem Fall würden alle drei Elemente – die in Beziehung gebrachten Dinge und die Beziehung selbst – falsch sein, und da die Idee der Falschheit notwendig auf einen Standard der Wahrheit verweist, müssten wir dann eine andere Wirklichkeit postulieren, von deren Standpunkt aus wir sie als falsch bezeichnen können. Der Advaitin geht deshalb davon aus, dass die Materie trügerisch ist. Die andere Alternative würde im Materialismus

> resultieren, dessen Unhaltbarkeit wir bereits aufgezeigt haben.[69]

Wie in dieser Passage bereits angedeutet, argumentiert der Vedānta auch gegen den Materialismus. Wie M. Hiriyanna schreibt:

> Doch selbst auf ihrer Höhe ist die materialistische Theorie nicht überzeugend, denn sie versucht das höhere Prinzip des Geistes durch das niedere der Materie zu erklären. Ausgehend von der Existenz von Materie erklärt sie den Geist als bloße Funktion der Materie. Doch indem sie so beginnt, hat die Theorie bereits vorausgesetzt, dass es keinen Geist gibt, obwohl dieser ebenso von der Erfahrung impliziert wird wie die Materie. In der Tat haben wir keinerlei Begriff von Materie, außer wie sie einem beobachtenden Gemüt* erscheint. Wenn wir also an die Existenz des einen glauben, impliziert das, dass wir auch an die Existenz des anderen glauben. Die Wahrheit, die der Theorie zugrunde liegen mag, ist, dass alle Dinge der Welt letztlich auf einen einzigen Nenner gebracht werden können, aber es ist falsch, daraus zu schlussfolgern, dass diese einheitliche Quelle notwendigerweise physischer Natur sein muss.[70]

Diese Behauptung ist nicht nur eine negative. Man könnte auch argumentieren, dass die spirituelle Prämisse über die

---

* Da in der indischen Philosophie deutlich zwischen »Geist« im Sinne des englischen Wortes *spirit* und »Geist« im Sinne von *mind* unterschieden wird, wird *mind* hier mit »Gemüt« übersetzt, was seiner Definition im Deutschen nach dem indischen Verständnis von *mind* am nächsten kommt (Anm. d. Übers.).

letzte Wirklichkeit als Brahman in dessen Beschreibung als *Satchidānanda* impliziert ist. Darum schreibt M. Hiriyanna:

> Der spirituelle und einheitliche Charakter dieser absoluten Wirklichkeit wird sehr gut in der klassischen Formel *Satchidānanda* zum Ausdruck gebracht. Als ein einziger Begriff, der ihre Natur definiert, finden wir diese Formel nur in den späteren Upanischaden. Ihre drei Elemente jedoch, – *Sat*, *Chit* und *Ānanda* – werden bereits in den frühesten Upanischaden einzeln und paarweise benutzt. *Sat*, das »Sein« bedeutet, weist auf den positiven Charakter von Brahman hin, indem es es von Nichtsein unterscheidet. Aber positive Dinge mögen, nach unserer Erfahrung zu urteilen, spirituell sein oder nicht. Der nächste Begriff, *Chit*, der »(absolutes) Bewusstsein« bedeutet, zeigt, dass es spiritueller Natur ist. *Ānanda*, »Seligkeit«, deutet seinen einheitlichen und allumfassenden Charakter an, insofern Verschiedenheit die Quelle aller Probleme und aller Ruhelosigkeit ist. »Furcht entsteht aus dem Anderen« ist ein berühmter Spruch aus den Upanischaden. Die drei Attribute zusammen weisen also darauf hin, dass Brahman die eine und einzige spirituelle Wirklichkeit des Absoluten ist, eine Wirklichkeit, die nicht nur alles Sein (*Sat*) umfängt, sondern auch alles Bewusstsein (*Chit*), so dass alles, was am Charakter des einen oder des anderen Teil hat, schließlich darauf zurückgeführt werden muss. Es ist, mit anderen Worten, die Quelle des gesamten Universums, und da es aus sich selbst existierend und sich selbst offenbarend ist, gibt es keine andere Entität, von der es abgeleitet werden oder durch die es erkannt werden könnte.[71]

ZWEITER TEIL

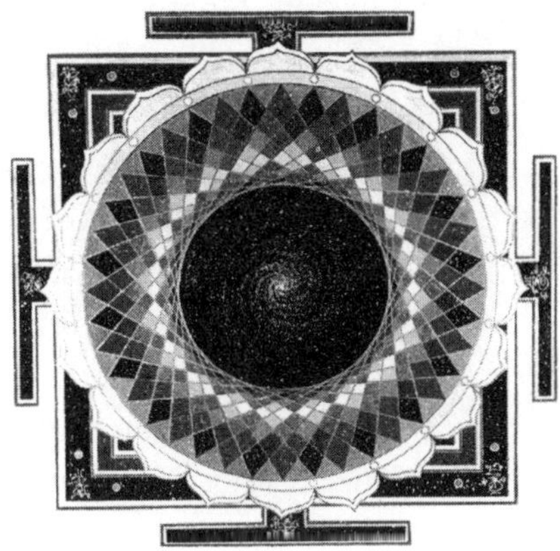

Advaita Vedānta: Eine Annäherung über den Verstand

I

Wir können unsere rationale Analyse mit jedem Objekt beginnen, das wir im Universum vorfinden, auch mit etwas so Einfachem wie zum Beispiel einem silbernen Armreif. Damit können wir die Annäherung an den Advaita Vedānta über den Verstand veranschaulichen.

Die Untersuchung des Armreifs kann mit der Anerkennung der Tatsache beginnen, dass der Reif aus Silber gemacht ist. Er hat seinen Ursprung im Silber, und da es ohne Silber keinen »Silberarmreif« geben würde, ist Silber die materielle Ursache des Armreifs. Auf diese Weise betrachtet, ist der »Silberarmreif« eine Wirkung, deren *materielle* Ursache Silber ist.

Der nächste Schritt würde nun darin bestehen, die Beziehung dieses Armreifs als eine Wirkung zu dem Silber, das seine materielle Ursache ist, zu untersuchen. Wenn wir die Beziehung zwischen den beiden eingehend untersuchen, dann scheinen als Ergebnis unserer Untersuchung einige Punkte klarer hervorzutreten. Es stellt sich heraus, dass die Wirkung nicht *mehr* ist als die Ursache – das will sagen, dass der Armreif aus nichts anderem als Silber gemacht ist. Damit ist, wohl gemerkt, nicht gesagt, dass der Armreif nicht mehr ist als Silber, da der Armreif ja in eine besondere Form gegossen ist und um das Handgelenk getragen werden kann, was man mit einfachem Silber nicht tun kann. In diesem Sinne kann man sagen, dass der Silberarmreif »mehr« ist als Silber. Man kann allerdings Armreifen in den verschiedens-

ten Formen und Größen aus demselben Stück Silber machen, doch selbst in den neuen Formen ist das Material, aus dem die Form gemacht ist, nichts anderes als Silber. In diesem Sinne geht die Wirkung nicht über die Ursache hinaus; »die Wirkung ist nicht mehr als die Ursache«.
Außerdem können wir zwar eine Unterscheidung zwischen dem »Silberarmreif« und dem Silber als solchem machen, aber die beiden sind in Wirklichkeit untrennbar voneinander. Oder um es einmal anders zu sagen: Genau so, wie eine Wirkung nicht mehr ist als ihre materielle Ursache, so ist sie auch nicht weniger – in dem Sinne, dass sie nicht davon entfernt oder davon getrennt werden kann. Damit soll gesagt sein, dass die Wirkung nicht ohne die Ursache existieren kann; wir können zwar die *Idee* des Armreifs von dem Armreif trennen, aber wir können den Silberarmreif nicht vom Silber trennen. Der Silberarmreif besteht durch und durch aus Silber.
Die erste Erkenntnis ist also, dass die Wirkung nicht mehr ist als die Ursache, die zweite Erkenntnis ist, dass die Wirkung von der materiellen Ursache untrennbar ist. Diese Punkte sind mehr oder weniger offensichtlich, aber dennoch nicht weniger bedeutsam als der dritte Punkt – nämlich dass die Wirkung bereits vorher in der materiellen Ursache vorhanden sein muss. Die »Idee« eines Armreifs kann getrennt von der materiellen Ursache existieren, doch der tatsächliche Armreif muss als Wirkung bereits in der materiellen Ursache prä-existent sein. Wäre das nicht der Fall, dann …

> … wäre es im Prinzip möglich, jegliche Wirkung aus jeglicher materiellen Ursache zu produzieren. Ja, wir können uns in der Tat nicht einmal vorstellen, dass eine nicht-[prä]-existierende Entität in die Existenz treten könnte. Wir können uns nur vorstellen, dass eine Substanz die Form verändert. Wenn etwas Nicht-

> Existierendes jemals ins Dasein gebracht werden könnte, dann gäbe es keinen Grund, warum wir nicht Speiseöl aus Sand herauspressen könnten (wo er nicht-existent ist) und warum wir ein bestimmtes Material auswählen müssen, nämlich Ölsamen, um die spezielle Wirkung von Öl zu erzielen.[72]

Es mag hilfreich sein, die Diskussion in diesem Stadium etwas einzuordnen, sowohl in Begriffen der westlichen als auch in Begriffen der indischen Philosophie. Wir sollten uns darüber im Klaren sein, dass die Diskussion im Sinne der vierfachen Unterteilung von Ursachen durch Aristoteles in Material- oder Stoffursache (*causa materialis*), Wirkursache (*causa efficiens*), Formursache (*causa formalis*) und Ziel- oder Zweckursache (*causa finalis*) hier von der Materialursache ausgeht. Aus dieser Perspektive kann »die Tätigkeit der Wirkursache, des Ölmüllers, des Töpfers oder des Goldschmieds [oder im Falle des Silberarmreifs des Silberschmieds] keinerlei neue Substanz hervorbringen; sie manifestiert nur die Form der Substanz, die in ihrem vorhergehenden Zustand bereits verborgen war«[73].

Was die indische Philosophie angeht, wird der Kontext durch die Lehren vom *Asatkāryavāda* und vom *Satkāryavāda* geliefert. Nach ersterer Anschauung ist die Wirkung etwas »Neues«, das nicht in der materiellen Ursache prä-existiert. Nach letzterer Anschauung prä-existiert die Wirkung in der materiellen Ursache. Nach dem, was sich in unserer bisherigen Diskussion bereits gezeigt hat, sollte offensichtlich sein, dass der Advaita Vedānta geneigt ist, die letztere Position zu beziehen.

In Beziehung auf die letztere Sichtweise gibt es im hinduistischen Denken zudem unterschiedliche Auffassungen darüber, ob solch eine Wirkung eine tatsächliche oder nur eine scheinbare Transformation der materiellen Ursache dar-

stellt. Nach der Sānkhya-Schule stellt die Wirkung eine tatsächliche Transformation der materiellen Ursache dar, wenn zum Beispiel ein Stück Silber in einen Silberarmreif transformiert wird, der das Silber zuvor nicht war.
In diesem Punkt stimmen die Advaitin mit der Sānkhya-Schule überein, denn zu behaupten, das Silber habe sich in dem Prozess in eine »neue« Form verwandelt, würde implizieren, dass etwas, das nicht war, ins Dasein getreten ist – denn das ist es, was »neu« hier bedeutet – oder würde die Behauptung implizieren, dass das Silber in etwas transformiert wurde, was es vorher nicht war. Von diesem Standpunkt betrachtet, könnte die Advaita-Schule sagen, dass die Sānkhya-Schule die volle Bedeutung von *Satkāryavāda* nicht erkenne:

> Denn sie behauptet, dass es, auch wenn die Wirkung schon vorher in ihrer materiellen Ursache existiere, dennoch echten Wandel (*Parināma*) des Materials in die Wirkung gibt, da das Material eine neue Form annehme. Doch läuft diese Sichtweise auf das Zugeständnis hinaus, dass diese Form, die zuvor nicht existierte, ins Dasein getreten ist. Damit bricht die Doktrin des *Satkāryavāda*, dass nichts, was nicht schon zuvor existierte, ins Dasein treten kann, zusammen. Wenn jedoch der Boden, auf dem diese Doktrin steht, tragfähig ist, dann müssen wir auch bereit sein, alles zu akzeptieren, was logisch daraus folgt und können keine Ansicht vertreten, die eine Verletzung dieser rational begründeten Doktrin darstellt.[74]

So haben manche Autoren vorgeschlagen, man solle die Advaita-Lehre im Gegensatz dazu *Satkāryavāda* nennen, weil nach dieser Doktrin die Wirkungen niemals über die Ursache hinausgehen kann.
Es geht hier um die Frage: Was ist der *logische* im Unter-

schied zu dem *wahrgenommenen* Status des Wandels der Form? Oder mit anderen Worten: Bedeutet der Wandel der Form auch einen Wandel der Wirklichkeit? Die Wirklichkeit, die allem Wandel der Formen zugrunde liegt, ist die Substanz selbst. Ein Wandel der Form führt nicht zu einem Wandel der Substanz, und wenn die Substanz innerhalb der *unterschiedlichen* Formen, die sie annimmt, *dieselbe* bleibt, kann man dann von den Wandlungen sagen, sie seien wirklich? Und da es in diesem Sinne keinen wirklichen Wandel gibt, kann man dann sagen, dass der Wandel wirklich ist? Daraus folgt:

> Wir haben deshalb keinen Grund, die Wahrnehmung eines Wandels der Form als Wandel der Wirklichkeit zu interpretieren. Ganz im Gegenteil: Es stellt sich heraus, dass wir trotz des Wandels in der Form eine Substanz als die identische Wesenheit erkennen. Ob Devadatta nun sitzt, steht oder liegt, er wird als die identische Person erkannt. Wie könnte dies sein, wenn ein Wandel in der Form einen Wandel in der Wirklichkeit implizierte?[75]

In dieser Analyse wird der rationale Status von allem, was durch eine Eigenschaft charakterisiert wird, oder von jeglicher Form, die durch Wandel charakterisiert ist, in Frage gestellt. Um auf den Silberarmreif zurückzukommen: Der Silberarmreif besitzt also die Eigenschaft, *gekrümmt* zu sein. Lassen Sie uns nun die Frage stellen: Was ist die Beziehung zwischen der Krümmung des Armreifs und dem Armreif? Die Krümmung besteht aus nichts anderem als dem Armreif selbst, das heißt sie charakterisiert nichts anderes als den Armreif. Und die Krümmung ist auch nicht materiell vom Armreif zu trennen. Zudem hätte die Krümmung nicht ins Dasein treten können, wenn sie in dem Silberarmreif nicht schon als Potential existiert hätte. Darum hat die Eigenschaft der Krümmung des Silberarmreifs keine Existenz getrennt von dem Silberarmreif.

Genauso hat der Silberarmreif keine Existenz getrennt von dem Silber, wie bereits zuvor festgestellt wurde.

Der Kernpunkt der Diskussion ist hier die Frage der Beziehung der Eigenschaft zum Objekt (Krümmung zum Armreif) oder des Objekts zur Substanz (Silberarmreif zum Silber). Wird die Identität der Wirkung mit der Ursache zurückgewiesen, auch wenn der Advaita sie behauptet, dann bleiben einem nur die beiden folgenden logischen Optionen: 1) die Wirkung ist verschieden von der Ursache, oder 2) die Wirkung stellt eine Identität-mit-Unterschied mit der Ursache dar.

Lassen Sie uns nun diese beiden Optionen untersuchen.

Wir beginnen mit der Annahme, dass die Wirkung von der Ursache verschieden ist. Das bedeutet, dass es ein Ding namens Ursache gibt und ein anderes Ding namens Wirkung, und die beiden sind voneinander verschieden. Wenn die beiden verschieden sind, die Ursache aber die Wirkung hervorbringt, dann müssen sie in irgendeiner Weise miteinander verknüpft sein. Das würde bedeuten, dass es ein drittes Ding geben muss, das diese beiden Dinge miteinander verknüpft. Doch wenn dies der Fall wäre …

> … dann würde es uns nicht gelingen, die Beziehung zwischen der Eigenschaft und ihrer Substanz zu erklären. Denn wir können uns nicht vorstellen, dass zwei voneinander getrennte Wirklichkeiten ohne die Hilfe eines dritten Dings, das sie verbindet, miteinander verbunden sind. Sobald wir nun aber dieses dritte Ding denken (das von den beiden Dingen, die es zu verbinden versucht, getrennt sein muss), sind wir gezwungen, an ein viertes verbindendes Ding und auch

an ein fünftes zu denken, die das dritte mit jedem der beiden ersten Dinge verbinden würden. Gleichermaßen würden dieses vierte und fünfte Ding wieder anderer ähnlicher Medien bedürfen, die sie mit den Dingen verbinden würden, die sie selbst zu verbinden versuchen, und so weiter. Das würde dann zu einem unendlichen Regress (*Anavasthā*) führen. Wir kämen so niemals zu einem Ende unserer Annahme und es wird niemals eine vollständige Erklärung der Beziehung zwischen der Eigenschaft und ihrer Substanz geben. Mit anderen Worten: Die Annahme irgendeiner wirklichen Getrenntheit von irgendeiner Eigenschaft und ihrer Substanz wäre logisch unhaltbar. Eine Form lässt sich also nicht als eine getrennte Wirklichkeit behandeln, und keine Veränderung der Form kann logisch als ein wirklicher Wandel akzeptiert werden, wenn es dabei keine Veränderung der Substanz gibt.[76]

Das oben gegebene Beispiel lässt sich schematisch folgendermaßen darstellen:

Ding A   Ding B

Ding C

Ding D

(das A und C verbindet)

Ding E

(das A und D verbindet)

Ding F

(das A und E verbindet)

Aber vielleicht tun wir Eigenschaft und Substanz ontologisch gesehen Gewalt an, wenn wir sie als verschiedene Dinge behandeln, und es ist angemessener, sich die Beziehung als eine Identität-in-der-Verschiedenheit vorzustellen. Dann wären das Silber und der Silberarmreif schließlich doch ganz identisch als *Silber*, aber der Silberarmreif wäre auch verschieden vom Silber, weil er ein *Armreif* ist. Die Advaitin behaupten nun aber, dass dies zur Lösung der Frage der Beziehung zwischen dem Silberarmreif und dem Silber logisch keineswegs hilfreicher ist, als wenn wir sie als zwei getrennte Dinge betrachten, obwohl es auf den ersten Blick das Problem zu lösen scheint.

Wenn zwei Objekte durch Identität-mit-Verschiedenheit miteinander verbunden sind, dann muss das heißen, dass sie in mancher Hinsicht identisch sind und in mancher Hinsicht verschieden. Doch »keines von beiden kann *als solches* mit dem anderen sowohl identisch als auch von ihm verschieden sein. Das würde bedeuten, dass M sowohl N als auch Nicht-N ist und dass N gleichermaßen sowohl M als auch Nicht-M ist; das ist aber eine Verletzung des Gesetzes der Widerspruchslosigkeit. Wenn zwei Dinge tatsächlich verschieden sind, dann können sie nicht gleich sein.«[77] Mit anderen Worten: Sie stellen nicht direkt Identität-in-der-Verschiedenheit dar. Aber wie M. Hiriyanna weiterhin aufzeigt:

> So können wir also sagen, dass M und N eine gemeinsame Eigenschaft oder mehrere gemeinsame Eigenschaften besitzen, was durch a repräsentiert sein könnte, und dass sie zugleich Unterschiede aufweisen, die jeweils durch x und y repräsentiert werden können. Nach dieser Erklärung ist das, was identisch ist, deutlich getrennt von dem, was verschieden ist. Und doch sind die einzelnen Dinge, hier also M und N, aufgrund dieser Eigenschaften, so könnte man sagen, identisch miteinander und zugleich verschieden voneinander. Es mag so aussehen, als würde eine solche Erklärung das Problem lösen, aber die Lösung ist nur eine scheinbare, denn sie verschiebt das Problem nur zu einer anderen Gruppe von Dingen hin. Sie nimmt an, dass M

> und N jeweils von a x und a y charakterisiert sind, und mit dieser Annahme stehen wir genau dort, wo wir bereits waren, denn wir können die Beziehung zwischen einem Ding und seiner so genannten Charakteristik nicht befriedigend erklären. So kann die Beziehung zwischen M und a x, um nur eines der beiden Dinge zu nehmen, nicht Identität sein, da der Unterschied zwischen a und x verschwinden würde, wenn beide mit demselben M identisch sind. Und damit würde auch die Beziehung der Identität-in-der-Verschiedenheit zwischen M und N verschwinden. Zudem können a und x auch nicht von M verschieden sein, denn dann würde ihr Charakter, worin auch immer er bestehen mag, aufhören M zu betreffen und damit auch seine Beziehung zu N. Wir sehen uns also genötigt, die Identität-in-der-Verschiedenheit als einzig mögliche Beziehung zwischen diesen anzusehen. Das heißt aber: Wenn wir die in Frage stehende Beziehung zwischen M und N erklären wollen, müssen wir dieselbe Beziehung innerhalb jedes einzelnen davon voraussetzen; und wenn wir diese Untersuchung weiter vorantreiben, führt das nur zu einem unendlichen Fortschreiten.[78]

Um dies noch einmal zu veranschaulichen. Lassen Sie uns annehmen, dass die Farbe des Silbers die Eigenschaft a ist, die das Silber und der Silberarmreif gemeinsam haben, und dass der Unterschied zwischen ihnen in (x) und (y) besteht, (x) als der unbestimmten Form des Silbers als einem bloßen Klumpen und (y) als der Form der speziellen Gestalt des Armreifs.

Was ist nun im Fall des Silbers (M) die Beziehung des Silbers zu (a) seiner Farbe und (x) seiner unbestimmten Form? Der Unterschied zwischen (a) Farbe und (x) unbestimmter Form würde verschwinden, wenn beide mit demselben M (Silber) identisch sind. Aber (a) und (x) können auch nicht von M verschieden sein, denn dann hätten sie keine Verbindung mit M. Also müsste auch diese Beziehung als Identität-mit-Verschiedenheit beschrieben werden. Schematisch dargestellt:

M		N	
Silber		Silberarmreif	
	Identität-mit-Verschiedenheit		
Farbe	Unbestimmtheit	Farbe	Armreif
(a)	Form (x)	(a)	Form (y)
Identität-mit-Verschiedenheit		Identität-mit-Verschiedenheit	

Die Charakterisierung der Beziehung (von Identität-mit-Verschiedenheit) *zwischen* M und N verschiebt sich einfach nur in die Beziehung innerhalb der einzelnen Elemente hinein und immer so weiter.

Es erscheint also keine logisch befriedigende Lösung in Begriffen anderer logischer Optionen möglich zu sein. Nichtsdestoweniger wird eine Veränderung wahrgenommen, auch wenn sie rational nicht zu erklären und deshalb logisch nicht zu akzeptieren ist. Deshalb die Notwendigkeit, sie als Erscheinung zu charakterisieren. Man kann diesen Punkt folgendermaßen ausführen:

> Wir haben gesehen, dass Verursachung keinerlei Veränderung der Substanz involviert. Damit impliziert Verursachung keinen wirklichen Wandel. Und da zudem jeder Wandel ein Prozess der Verursachung ist, kann es keinen Wandel in der Wirklichkeit geben. Das läuft auf die Position hinaus, dass wir zwar Veränderungen wahrnehmen, wir sie aber nicht rational als wirklich akzeptieren können. Wir müssen sie deshalb auf dieselbe Weise verstehen, wie wir es bei der Wahrnehmung eines illusorischen Objekts tun. So nehmen

wir zum Beispiel einen Regenbogen, blauen Himmel, eine Bewegung der Sonne und viele andere Dinge wahr, die wir jedoch nicht für real halten können, weil rationale Argumentation sie als unwirklich erweist. Solch ein wahrgenommenes, aber unwirkliches Phänomen wird eine Erscheinung genannt und von der Wirklichkeit unterschieden. So können wir auf rein logischem Wege und gestützt von der gewöhnlichen Beobachtung zur Theorie von *Vivarta* oder dem scheinbaren Wandel als einer für die Erklärung der Welt notwendigen rationalen Doktrin gelangen.[79]

Wir mögen geneigt sein, in Begriffen der praktischen Vernunft und nicht der reinen Vernunft gegen diese Auffassung zu argumentieren und zu sagen, dass der Silberarmreif ohne Zweifel von dem bloßen Silber verschieden ist, weil man ihn ja am Handgelenk tragen kann, was bei dem Silber nicht der Fall ist. Der Advaitin würde dagegenhalten, dass die Tatsache der Nützlichkeit des Armreifs nichts an der Wahrheit der Behauptung ändert, genauso wenig wie wir die scheinbare Bewegung der Sonne über den Himmel für wirklich halten können, nur weil sie dazu dient, unsere täglichen Verrichtungen zu organisieren. Sie ist nützlich, aber das macht sie noch nicht wirklich.

II

Wir haben also begonnen, die Beziehung der Krümmung des Silberarmreifs zum Silberarmreif zu untersuchen, nachdem wir zuvor die Beziehung des Silberarmreifs zum Silber untersucht haben, und haben dabei herausgefunden, dass die neue Beziehung wiederum das alte Problem enthält. Man könnte allerdings an diesem Punkt Folgendes einwenden: Was wir sagen, scheint zwar für die Objekte im Universum zuzutreffen, aber trifft dies auch für das Universum selbst zu, wenn wir es als solches als ein Objekt betrachten? Mit anderen Worten: Ist das, was für die Teile zutreffend ist, auch für das Ganze zutreffend?

Dieser Einwand lässt sich logisch noch folgendermaßen differenzieren: Wenn wir vom Universum sprechen, sprechen wir von Formen und Substanz, aber trifft das, was wir über die Formen sagen, auch auf die Substanz zu?

Mit diesen beiden Fragen werden wir uns nun im Folgenden beschäftigen.

Wir müssen damit beginnen, dass wir uns klar machen, dass das Silber als Substanz gewählt wurde, weil in Beziehung dazu Armreifen und andere Schmuckstücke als seine Modifikationen (*Vikāra*) in eine Form verstanden werden können. Aus einer weiteren Perspektive gesehen, ist jedoch selbst das Silber der Modifikation (*Vikāra*) unterworfen. Das heißt, dass auch das Silber die Form einer anderen Substanz X ist. So wie der Armreif aus dem Silber entstand, in gewisser Weise schon vor seiner Entstehung im Silber enthalten war und sich wieder in Silber auflöste, so ist auch das Silber anscheinend die Form einer Substanz X, in der es prä-existierte, aus der es als Silber entstand und in die es verschwindet. Oder, wenn wir die Metapher ändern und von einem Tontopf anstelle eines Silberarmreifs sprechen:

> Die Eigenschaften eines Topfes haben keine Wirklichkeit getrennt von dem Topf, und genauso hat der Topf selbst keine Wirklichkeit getrennt von seiner Ursache, dem Ton, welcher die wahre Substanz ist. Der Topf ist nur eine Form der Manifestation dieser Substanz. Doch da der Ton selbst der Modifikation unterworfen ist und aufhören kann, Ton zu sein, kann auch er nicht eine wahre Substanz genannt werden. Er ist nur eine Form der Manifestation – wenn auch eine dauerhaf-

> tere als ein Topf – einer anderen Substanz, die durch alle Modifikationen des Tons hindurch erhalten bleibt und die auch in dem präsent ist, aus dem der Ton selbst hervorkommt und in das er sich nach seiner Zerstörung verwandelt. Wenn alle so genannten Substanzen also der Modifikation (*Vikāra*) unterworfen sind, dann wäre die Substanz, die allen Objekten in der Welt zugrunde liegt, das, was durch alle Formen von Objekten hindurch erhalten bleibt. Die Existenz wird in der Wahrnehmung eines jeden Objekts offenbart, ganz gleich, was seine Natur ist. Sie kann deshalb die Substanz genannt werden, die materielle Ursache oder die zugrunde liegende Wirklichkeit hinter der Welt der Objekte.[80]

Und wenn wir nun auf die Ebene des Universums übergehen, dann sehen wir, dass eine Verschiebung und Veränderung der Quantität auf eine merkwürdig Marx'sche Weise zu einer Veränderung der Qualität führt:

> Wenn alle so genannten Substanzen der Modifikation (*Vikāra*) unterworfen sind, dann wäre die Substanz, die allen Objekten in der Welt zugrunde liegt, das, was durch alle Formen von Objekten hindurch erhalten bleibt. Und wir beobachten, dass die Existenz (nicht in einer spezifischen Form, sondern die schlichte und einfache Existenz) das ist, was allen Formen von Objekten gemeinsam ist. Die Existenz wird in der Wahrnehmung eines jeden Objekts offenbart, ganz gleich, was seine Natur ist. Sie kann deshalb die Substanz genannt werden, die materielle Ursache oder die zugrunde liegende Wirklichkeit hinter der Welt der Objekte.[81]

Die qualitative Veränderung in der allgemeinen Schlussfolgerung sollte hier nicht übersehen werden. Der Versuch, die Natur spezifischer Objekte im Universum zu analysieren, hat zur Identifizierung nichtspezifischer Existenz als der materiellen Ursache geführt. Es hat sich herausgestellt, dass die materielle Ursache immaterielle Existenz ist! Doch wir sollten dies nicht für ungebührlich abstrakt halten. Es ist der neutrale Gang oder Leerlauf in der Gangschaltung eines Autos, der es erlaubt, spezifische Gänge einzulegen.

III

Die nächste logische Frage, die sich in diesem Kontext stellt, ist die folgende: Diese logische Analyse betrifft die objektive Welt. Ist sie auch auf die subjektive Welt des Individuums anwendbar? Bietet der Advaita Vedānta eine andere rationale Analyse für die innere Welt des Seins als für die äußere an?

Die Schlussfolgerung, dass die materielle Ursache des Universums immaterielle Existenz ist, wird im Advaita Vedānta auch auf die inneren Zustände angewendet, denn diese Zustände existieren ebenfalls:

> Wenn wir die sich verändernden Zustände in unserem Gemüt untersuchen, finden wir dort ebenfalls, dass jeder Zustand, jede Idee, was immer ihr Objekt sein mag, existiert. Selbst eine illusorische Idee, die kein äußeres Objekt hat, existiert als eine Idee (*Avagati*). Ein Zustand tiefen traumlosen Schlafes oder der Ohnmacht existiert ebenfalls, obwohl dort kein objektives Bewusstsein vorhanden ist. Es stellt sich also heraus, dass Existenz die eine nicht zu leugnende Wirklichkeit ist, die durch alle inneren und äußeren Zustände hindurch fortbesteht. Sie kann deshalb als *die* Substanz

und materielle Ursache akzeptiert werden, als deren unterschiedliche Manifestationen bestimmte Objekte und Gemütszustände erscheinen.

Wir finden also, dass reine Existenz, welche die gemeinsame Ursache der gesamten Welt ist, selber formlos ist, obwohl sie in verschiedenen Formen erscheint; sie ist ohne Teile, obwohl sie in unterschiedliche Formen aufteilbar ist; sie ist unendlich, obwohl sie sich in allen endlichen Formen manifestiert. Shankara kommt so zum Konzept einer unendlichen, unbestimmten *Nirvishesha*-Existenz als der Essenz oder der materiellen Ursache der Welt. Er nennt sie das Absolute oder Brahman.[82]

IV

Dies ist der Weg, auf dem im Advaita die rationale Untersuchung der alltäglichen Realität dazu führt, den begrifflichen Rahmen, mit dem wir im Alltag operieren, zuerst in Frage zu stellen und ihn dann neu zu konfigurieren. Im Laufe unseres gewöhnlichen Lebens machen wir einen deutlichen Unterschied zwischen unserer Erfahrung des äußeren Universums und unserem eigenen inneren Leben. Der Advaita Vedānta jedoch fasst unsere Erfahrungen der äußeren und der inneren Welt als Daten zusammen, die gemeinsam erklärt werden müssen, und läuft deshalb in Hinsicht auf den begrifflichen Rahmen unserer Alltagsphilosophie unserer Intuition zuwider.

Er stellt diesen Rahmen sogar noch auf einer tieferen Ebene in Frage, wenn er untersucht, welche Beziehung zwischen Bewusstsein und Existenz besteht. Was unsere alltägliche und den »gesunden Menschenverstand« angehende Lebensphilosophie betrifft, so assoziieren wir den Begriff »Existenz«

mit unserer Erfahrung der äußeren Welt, und »Bewusstsein« mit unserer Erfahrung der inneren Welt. So sagen wir etwa, dass äußere Objekte »existieren« und dass wir uns unserer inneren Zustände »bewusst« sind.

In diesem Kontext stellt der rationale Ansatz des Advaita die Frage: Was ist das Kriterium für Bewusstsein? Beachten Sie bitte, dass die Antwort des Advaitin auf die Frage »Was ist das Kriterium der Existenz?« lautet: Existenz ist das, was wahrgenommen wird. Das gänzlich Nichtexistente – der Sohn einer unfruchtbaren Frau und die Hörner eines Hasen – können nicht wahrgenommen werden. Lassen Sie uns nun eine ähnliche Frage in Hinsicht auf das Bewusstsein stellen:

> Aber was ist das Kriterium für Bewusstsein? Ein Gemütszustand ist bewusst, weil seine Existenz sich von selbst erweist. Aber wenn wir die äußere Welt wahrnehmen, dann erweist ihre Existenz sich ebenfalls von selbst. Die Kraft zu erscheinen (*Bhāti*) ist den inneren und den äußeren Formen der Existenz gemeinsam. Man kann deshalb argumentieren, dass die Existenz, die der inneren und der äußeren Welt gemeinsam ist, die Kraft besitzt, sich selbst zu erweisen. Deshalb ist es vernünftig anzunehmen, dass die Absolute Existenz die Natur eines sich selbst erweisenden Bewusstseins besitzt. Tatsächlich macht ein wenig Nachdenken deutlich, dass diese Selbstoffenbarung genau das ist, was Existenz von Nichtexistenz unterscheidet. Was nichtexistent ist (zum Beispiel der Sohn einer unfruchtbaren Frau) kann auch nicht für einen Moment erscheinen, sich zeigen oder sich selbst offenbaren.[83]

Die Kluft, von der wir im Allgemeinen annehmen, dass sie zwischen Existenz und Bewusstsein besteht, wird im Advaita Vedānta durch die folgende Argumentation überbrückt:

Wenn wir von der Existenz des Silberarmreifs sprechen, dann läuft das auf das Bewusstsein von der Existenz des Silberarmreifs hinaus und wir wären nicht in der Lage, getrennt vom Bewusstsein der Existenz von Silber von dessen Existenz zu sprechen. Wenn wir uns einer anderen Metapher bedienen:

> Wo immer die Erscheinung von Existenz vorhanden ist, da ist unweigerlich Gewahrsein vorhanden. Selbst ein äußeres Objekt – zum Beispiel Ton –, das uns erscheint, wird uns durch ein Gewahrsein von Ton (*Mrit-Buddhi*) präsentiert. Wenn wir wahrnehmen, dass aus Ton ein Topf wird, dann verändert sich unser Ton-Bewusstsein in Topf-Bewusstsein (*Ghata-Buddhi*). Ein imaginäres Objekt ist nur die Idee eines Objekts, und so ist es auch mit einem illusionären Objekt. Wir finden also, dass Gewahrsein alle Formen der Existenz, die wir kennen, durchdringt.
>
> Durch eine Abfolge von Argumentationen wie dieser gelangt Shankara auf logischem Wege zu dem, was er bereits aufgrund der Autorität der offenbarten Texte akzeptiert hat – nämlich dass die Welt aus Brahman entsteht. Dieses Brahman ist Absolute Existenz und Bewusstsein und es hat die Kraft, sich selbst in den unterschiedlichen erscheinenden Formen zu manifestieren, ohne dabei selbst irgendwelchen Modifikationen zu unterliegen.[84]

V

Unsere Analyse der Welt ist bis hierher einem geraden und einfachen Weg gefolgt. Wir haben mit der Krümmung des Silberarmreifs begonnen, sind von dort weitergegangen zum

Silber und zu jener Substanz, von der das Silber nur eine Form sein könnte und sind schließlich dazu gelangt, allgemeine Existenz als die materielle Ursache des Universums zu identifizieren. Doch der Lauf des Universums ist nun einmal nicht so einfach. So finden wir zum einen, dass eine Erfahrung der Existenz einer anderen widersprechen kann. Was wir zunächst für eine Schlange gehalten haben, erweist sich als ein Seil. Zum anderen besteht das Universum nicht nur aus Silberarmreifen oder Silber. Es enthält noch viele andere Objekte. Das heißt mit anderen Worten: Wir müssen unsere Analyse des Universums komplexer gestalten, indem wir neue Aspekte unserer Erfahrung in die Analyse einbeziehen, nämlich: (1) die Möglichkeit, dass Objekte einander widersprechen, und (2) die ungeheure Vielfältigkeit von Objekten. Die Frage, die wir nun beantworten müssen, ist: Wie beeinflussen diese beiden Überlegungen die Logik der bisher vorgetragenen Argumentation?
Unsere Argumentation ist zuvor nahtlos von der Form zur Substanz übergegangen – aber Formen können einander widersprechen oder einander im Laufe der Zeit ablösen, und sie sind im Raum verschieden. Welchen Einfluss haben diese Faktoren also auf das logische Resultat unserer Diskussion? Wenn Erfahrungen einander widerlegen, dann wird die widerlegende Form der widerlegten Form vorgezogen oder wird als wirklicher angesehen als die Letztere. So wird der normale Wachzustand als wirklicher angesehen als der Traumzustand, und innerhalb des Wachzustandes wird zum Beispiel dann, wenn ein Stück Muschel als Silber erfahren wird, die widerlegende Erfahrung (hier »Muschel«) für wirklicher erachtet als die widerlegte Erfahrung (hier »Silber«).

Aber trotz solcher Widersprüche zwischen verschiedenen Formen, bleibt die Existenz (oder das Bewusst-

> sein) als solche unwiderlegt. Wenn wir nicht mehr an die illusorische Schlange glauben, dann leugnen wir nur, dass jene Existenz dort die Form einer Schlange hat, wir leugnen aber nicht, dass dort etwas Existierendes ist. Und auch wenn wir die Existenz eines Traumobjekts leugnen, leugnen wir doch nicht, dass die Erfahrung oder Idee existiert hat. Und wenn wir an eine Zeit oder an einen Ort denken, wo nichts existiert, dann denken wir zumindest an die Existenz dieser Zeit oder dieses Ortes. Die Existenz ist also, in der einen oder anderen Form, ebenso weit wie das Denken, und wir können niemals eine Abwesenheit oder Leugnung von Existenz denken. Diese universale Reine Existenz (oder Reines Bewusstsein) ist deshalb das einzige, dessen Widerlegung undenkbar ist. Shankara nennt sie deshalb die Höchste Wirklichkeit (*Pāramārthika Sattā*). Er gelangt auf diese Weise ebenfalls logisch zum Konzept von der Wirklichkeit als dem, was unwiderlegt durch alle Formen der Existenz und alle Orte und Zeiten hindurch fortbesteht.[85]

Aber auf welcher logischen Grundlage, so mögen wir jetzt geneigt sein zu fragen, wurde die *widerlegende* Erfahrung als der *widerlegten* Erfahrung überlegen angesehen? Ein wenig Überlegung bringt uns zu der Schlussfolgerung, dass wir die widerlegende Erfahrung deshalb für wirklicher halten als die widerlegte Erfahrung, weil sie länger andauert als die widerlegte Erfahrung. Der Wachzustand hält also länger an als der Traumzustand, und die Erfahrung des Seils bleibt uns länger als die der Schlange.

Dies gibt uns einen Hinweis auf das Konzept der Wirklichkeit im Advaita, das also besagt, dass das, was fortdauert, wirklich ist. Wir werden in diese Richtung geführt, wenn wir sowohl die ursprüngliche Argumentation untersuchen als auch die Komplikationen, die wir in diesem Abschnitt eingeführt haben. Um also nochmals auf die ursprüngliche Argumentation zurückzukommen: Das Silber ist in einem gewissen Sinne wirklicher als der Armreif, der eine bloße Form davon ist, und die Substanz X, von der das Silber eine Form sein könnte, ist wirklicher als das Silber, weil beide jeweils länger fortdauern. Und die Existenz selbst – reine, unbestimmte Existenz – wurde als die materielle Ursache des Universums identifiziert, weil sie das Dauerhafteste von allem ist.

Die Stoßrichtung dieser Argumentation wird bestärkt, wenn man die Tatsache in Betracht zieht, dass Formen einander widerlegen können – wie etwa die Erfahrung einer Schlange widerlegt wird, wenn sich herausstellt, dass es sich um ein Seil handelt, oder wie die Traumerfahrung durch die Erfahrung des Wachens widerlegt wird. Die Existenz als solche bleibt auch durch sie hindurch erhalten.

Was nun die Vielfältigkeit der im Universum manifestierten Objekte angeht, so müssen wir beachten, dass sie alle der Veränderung unterliegen, wenn auch in unterschiedlichem Tempo. Wichtiger als der Unterschied im Tempo ihrer Veränderung ist jedoch die Tatsache, dass sie alle der Veränderung unterliegen. Darum:

> Diese theoretische Möglichkeit des Wandels in der Wahrnehmung und der daraus resultierenden Widerlegung macht den Status eines jeden spezifischen Objekts in Hinsicht auf seine Wirklichkeit unsicher. Wir können nie absolut sicher sein, ob das, was jetzt als ein Topf erscheint, nicht später anders erscheinen wird. Wir sehen deshalb, dass verschiedene spezifische Formen der Existenz, wie Topf oder Tuch, den Anspruch der jeweils anderen Form auf unbezweifelbare Wirklichkeit abschwächen und unterminieren. Wenn diese

jedoch nur Reine Existenz und nicht die Existenz spezifischer Formen für sich beanspruchten, dann würden diese Ansprüche sich nicht gegenseitig ausschließen. Die rivalisierenden Ansprüche von Einzeldingen *als* etwas einzeln Existierendes verhindern also, dass sie die Position unbezweifelbarer Wirklichkeit einnehmen können, wie sie die Reine Existenz genießt.[86]

VI

Das Endresultat einer solchen rationalen Analyse des objektiven Universums aus der Sicht des Advaita führt uns zu der folgenden Schlussfolgerung:

> Auf einer solchen rationalen Grundlage stufte Shankara die gewöhnliche Erfahrung ein und klassifizierte sie. Wie wir gesehen haben, unterschied er zunächst alle Objekte von möglicher und tatsächlicher Erfahrung von totaler Unwirklichkeit (wie dem Kind einer unfruchtbaren Mutter). Erstere werden dann wiederum in drei Kategorien eingeteilt: 1) solche, die nur vorübergehend in Illusionen oder Träumen erscheinen, die aber von der Erfahrung im Wachzustand widerlegt werden; 2) solche, die in der normalen Erfahrung des Wachens erscheinen – die einzelnen und sich verändernden Objekte, die die Basis unseres gewöhnlichen Lebens und Tuns bilden, die aber vom Verstand immer noch nicht als vollständig wirklich anerkannt werden können (weil sie sich gegenseitig widerlegen oder weil eine Widerlegung in Zukunft möglich ist), und 3) Reine Existenz die sich selbst durch alle Erfahrung hindurch offenbart und die weder widerlegt wird noch widerlegbar ist.[87]

Wie ist solch eine Welt, eine Welt, die nicht nur die der gewöhnlichen Erfahrung ist, sondern in der die gewöhnliche Erfahrung rational beschrieben wird, beschaffen?

> Die Welt ist somit keine homogene Vorstellung und wenn man trotzdem darauf besteht, gesagt zu bekommen, was eine solche Welt als ein Ganzes ist, dann kann die zutreffendste Antwort nur diejenige sein, die Shankara uns gibt, nämlich dass die Welt unbeschreiblich ist (*anirvachanīya*) und weder als wirklich noch als unwirklich bezeichnet werden kann. Doch wenn das Wort »Welt« nur auf den zweiten Aspekt beschränkt ist, dann wäre es wiederum zutreffend zu sagen, dass die Welt nur in praktischer Hinsicht wirklich ist, wirklicher als die erste Art und unwirklicher als die dritte Art von Existenz. Doch wenn man die Welt im dritten Sinne versteht, würde Shankara mit Nachdruck behaupten, dass die Welt ewig wirklich ist. Wie er es ausdrückt: »Als die Ursache mangelte es Brahman zu keiner Zeit, in Vergangenheit, Gegenwart und Zukunft, an Existenz, und ebenso mangelt es der Welt in keiner dieser drei Perioden der Zeit an Existenz.« Und wieder: »Alle einzelnen Modi der Existenz mit verschiedenen Namen und Formen sind wirklich als Existenz, aber unwirklich als Einzeldinge.«[88]

VII

So viel zur objektiven Welt; was hat es nun mit dem individuellen Subjekt auf sich?
Im Advaita folgt die rationale Analyse des individuellen Subjekts drei Wegen: 1) eine Analyse der Erfahrung des Subjekts von sich selbst; 2) eine Analyse der Erfahrung des Subjekts von den Zuständen, in denen es in der Welt existiert; und 3)

eine Analyse des Subjekts im Licht seiner Beziehung zur äußeren Welt.

Die Erfahrung des Subjekts von sich selbst wird gewöhnlich mit dem Gebrauch des Personalpronomens »ich« beschrieben. Ein Weg, auf dem der Advaita zu seinem Konzept der Individualität gelangt, bedient sich der rationalen Analyse dieses linguistischen Phänomens.

Das Wort »ich« kann auf verschiedenste Weise angewendet werden und wenn man den gemeinsamen Nenner, der diesen verschiedenen Möglichkeiten des Gebrauchs zugrunde liegt, identifizieren könnte, dann bekämen wir damit vielleicht den Schlüssel in die Hand, mit dem wir die Geheimnisse des Selbst aufschließen könnten. Einige dieser Möglichkeiten des Gebrauchs von »ich« seien hier aufgezählt:

1. Ich bin groß.
2. Ich sehe dich.
3. Ich gehe nach Hause.
4. Ich denke daran.
5. Ich habe das Gefühl, er ist im Unrecht.
6. Ich werde es tun.
7. Ich weiß es, ich weiß es einfach.

Der erste Gebrauch bezieht sich auf den Körper. Das »Ich« besitzt also einen Korper. Darum sagen die Leute: »Ich bin groß.« – »Ich bin klein.« – »Ich bin dick.« – »Ich bin dünn« und so weiter.

Der zweite Gebrauch bezieht sich auf ein Wahrnehmungsorgan, das Auge. Man sagt auch: »Ich höre.« – »Ich berühre.« – »Ich schmecke.« – »Ich rieche«. Die Wahrnehmungsorgane, die im Körper lokalisiert sind, und ihre Funktionen gehören zu einigen der Dinge, mit denen das »Ich« sich identifiziert. Es tut dasselbe, wenn es sagt: »Ich balanciere auf einem Balken.«

Der dritte Gebrauch bezieht sich auf ein Handlungsorgan, das der Fortbewegung. Man sagt auch: »Ich spreche.« – »Ich greife.« – »Ich leere meine Blase.« – »Ich habe Geschlechtsverkehr.« Also gehören die im Körper angesiedelten Handlungsorgane und ihre Funktion ebenfalls zu den Dingen, mit denen das »Ich« sich identifiziert.

Der vierte, fünfte und sechste Gebrauch verweist auf die Psyche und ihre drei Dimensionen von Denken, Fühlen und Wollen. Das »Ich« identifiziert sich mit jeder von ihnen.

Der siebte Gebrauch bezieht sich auf den Sinn der Intuition, den wir besitzen – einen Sinn, der uns auf eine andere Weise wissen lässt als die, auf die wir normalerweise etwas wissen. Auch damit identifiziert sich das »Ich«.

Was bleibt nun durch alle diese Zustände hindurch als gemeinsamer Nenner erhalten? Man könnte versucht sein zu antworten »der Körper«, aber der Körper könnte sich nicht mit all den angeführten Beschreibungen identifizieren, wenn er nicht bewusst wäre. Auch das Gemüt könnte sich nicht mit ihnen identifizieren, wenn es nicht bewusst wäre. Tatsächlich setzt die Identifizierung des »Ich« mit einem der beschriebenen Dinge Bewusstsein voraus. Also:

> Bewusstsein ist darum die Essenz des Selbst, in welcher Form auch immer es auftauchen mag. Aber es ist nicht Bewusstsein irgendeiner Form, sondern einfaches Bewusstsein, das allen seinen Formen gemeinsam ist. Solches Bewusstsein ist also Reine Existenz, denn Existenz bleibt durch alle Formen des Bewusstseins hindurch erhalten. Es lässt sich zeigen, dass die verschiedenen einzelnen und sich verändernden Formen des Bewusstseins aufgrund ihrer widersprüchlichen Natur reine Erscheinungen sind, genauso wie sich das zuvor für die verschiedenen Formen von Existenz zeigen ließ.[89]

Es gibt jedoch ganz offensichtlich Momente, in denen kein Bewusstsein vorhanden ist, etwa wenn wir ohnmächtig werden oder uns im Tiefschlaf befinden. In diesen Momenten verschwindet jedoch auch unsere Ich-Empfindung. Damit wird die Korrelation zwischen dem »Ich« und dem »Ich-Bewusstsein« in Hinsicht auf unser bewusstes Selbst offensichtlich. Doch wie sieht das aus, wenn wir träumen? Wenn wir träumen, sind wir uns unseres Körpers nicht bewusst, auch wenn Bewusstsein in einer bestimmten Form vorhanden ist. Im Tiefschlaf scheint es auf den ersten Blick jedoch nicht vorhanden zu sein.

Dies bringt uns zu dem zweiten Ansatz, der im Advaita verwendet wird, um die Natur des Selbst zu identifizieren. Wir alle behaupten: Ich bin wach, ich habe geträumt, ich habe geschlafen. Also bleibt das »Ich« offenbar durch diese drei Zustände des Wachens, des Traums und des Tiefschlafs hindurch erhalten. Aber bleibt auch das Bewusstsein durch diese drei Zustände hindurch erhalten? Nach dem Advaita macht eine Analyse dieser drei Zustände offenkundig, dass Bewusstsein tatsächlich durch alle drei erhalten bleibt.

Außerdem ermöglicht uns diese Analyse als eine Zugabe auch noch, die Natur dieses Bewusstseins deutlicher zu identifizieren, wenn wir wie folgt argumentieren:

> Die Essenz des Selbst muss in allen drei Zuständen erhalten bleiben, oder das Selbst würde aufhören zu sein. Doch was erweist sich als allen drei Zuständen gemeinsam? Im ersten Zustand gibt es das Bewusstsein äußerer Objekte. Im zweiten Zustand ist ebenfalls Bewusstsein vorhanden, aber es ist ein Bewusstsein innerer Objekte, die nur dem Träumenden präsent sind. Im dritten Zustand erscheinen keine Objekte, aber es gibt kein Verlöschen des Bewusstseins, denn sonst wäre eine darauf folgende Erinnerung an diesen Zustand als

> einen Zustand des Friedens und der Freiheit nicht möglich. Der fortdauernde Faktor ist also Bewusstsein, aber nicht unbedingt das Bewusstsein eines Objekts. Auch dies zeigt wiederum, dass die Essenz des Selbst Reines Bewusstsein ohne eine notwendige Beziehung zu Objekten ist.[90]

Die Identifizierung von objektlosem Bewusstsein durch die rationale Analyse des Tiefschlafs ist aus der Sicht des Advaita sehr wichtig. Normalerweise bringen wir Bewusstsein immer mit einem Objekt in Verbindung, aber das Phänomen des Tiefschlafs macht offenkundig, dass Bewusstsein zwar nicht immer mit einem Objekt assoziiert sein muss, dass es aber mit dem Subjekt assoziiert sein muss.
Die dritte Weise der Annäherung an das individuelle Subjekt, wie es im Advaita identifiziert wird, ermöglicht es uns, mehr über die Natur von Reinem Bewusstsein zu sagen. Bei dieser Annäherung wird die Tatsache, dass das individuelle Subjekt sich einer Welt der Objekte gegenüberstehen sieht, einer radikalen rationalen Analyse unterzogen. Das erste Resultat einer solchen Untersuchung ist die Neukonfiguration des Konzepts von Subjekt und Objekt, wie es gewöhnlich in der Philosophie verstanden wird:

> Gewöhnlich gehen wir davon aus, dass die kognitive Situation ein Subjekt und ein Objekt involviert. An ihre Stelle setzt der Advaitin *Drik* und *Drishya*. Ersteres bedeutet das Selbst oder das, was offenbart, und das Letztere das, was offenbart wird. Der Grund für diese Substitution ist, dass die Unterscheidung von Subjekt und Objekt logisch nicht befriedigend ist. Das Subjekt umfasst nämlich nicht nur Drik, sondern auch Drishya; es ist in Wirklichkeit ein Komplex aus Selbst und Nichtselbst. Dies wird klar aus Aussagen wie »Ich kenne

> mich«, in denen »mich« sich auf bestimmte Gedanken oder Gefühle bezieht, oder, wie Hume sagte, »auf die eine oder andere bestimmte Wahrnehmung von Hitze oder Kälte, Licht oder Schatten, Liebe oder Hass, Schmerz oder Lust«. Diese Wahrnehmungen, die beobachtbar sind, sind Drishya und weisen notwendig auf ein Bewusstseinszentrum jenseits ihrer selbst hin.[91]

Das Drik oder das individuelle Subjekt als das Zentrum Reinen Bewusstseins lässt bei näherer Analyse einige erstaunliche Eigenschaften erkennen:

> Es ist unmöglich, die Abwesenheit von Drik zu denken – als etwas, das aufgehört hat zu sein oder das noch nicht ins Sein getreten ist –, denn dieser Gedanke an sich impliziert schon die Anwesenheit von Drik. Deshalb sollte man Drik in gewissem Sinne als etwas ansehen, das weder Anfang noch Ende hat und das deshalb ewig oder zeitlos ist.

> … Wir haben gesehen, dass Drik keine inneren Teile haben kann. Es kann aus ähnlichen Gründen auch nicht äußerlich mit anderen Driks in Verbindung gebracht werden, weil es nämlich nicht möglich ist, eine sie trennende Grenze zu denken. Die einzige Weise, auf die wir zwischen einem Drik und einem anderen unterscheiden können, ist in Bezug auf ihren Inhalt oder auf die Objekte, die sie offenbaren. An sich selbst sind sie nicht unterscheidbar. Das heißt, Drik ist eins, oder, genauer gesagt, nicht viele.[92]

Auf diese Weise ist das Reine Subjekt nicht nur äußerlich und *eins*, es kann auch als allumfassend betrachtet werden, wenn das Drishya als von dem Drik abhängig und deshalb vom

Drik erklärt betrachtet wird, denn dann wird das Drik »allumfassend in dem Sinne, dass es nichts außerhalb davon gibt«, weder direkt noch indirekt.

VIII

Das Konzept des Widerspruchs spielt in der logischen Analyse eine besondere Rolle. Wir tun deshalb gut daran, seine Rolle in der Rationalität des Advaita zu analysieren.
In Begriffen der praktischen Vernunft würde das Denken des Advaita zwischen dem Widerspruch zwischen einem Gedanken und einem anderen Gedanken und dem Widerspruch zwischen Denken und Praxis unterscheiden. Man könnte sich zum Beispiel eine Situation vorstellen, in der ein Individuum ständig das Muster seines Denkens verändert, so dass das, was es heute sagt, dem widerspricht, was es vor vierzehn Tagen gesagt hat. Das Individuum mag jedoch in diesen beiden Phasen durchaus in Hinsicht auf sein Denken und seine Praxis konsistent sein. Nehmen Sie zum Beispiel an, dass eine Person vor vierzehn Tagen an Gewalt geglaubt hat *und sich auch gewalttätig verhalten hat*. Heute, vierzehn Tage später, glaubt dieselbe Person an Gewaltlosigkeit *und verhält sich auch gewaltlos*. Dann würde diese Person über diese vierzehn Tage hinweg zwar einen Widerspruch auf der Ebene des Denkens und auch auf der Ebene der Praxis an den Tag gelegt haben, aber nicht auf der Ebene der Beziehung zwischen Denken und Praxis.
In Begriffen der praktischen Vernunft könnte man also ein Muster von vier Möglichkeiten an den Tag legen: 1) Widerspruch zwischen Gedanke und Gedanke; 2) Widerspruch zwischen Praxis und Praxis; 3) Denken widerspricht der Praxis (wenn man sich zum Beispiel für losgelöst hält und es nicht ist); 4) Praxis widerspricht dem Denken (man kann zum Beispiel tatsächlich bescheiden sein, sich aber eben aufgrund

dieser Bescheidenheit nicht für bescheiden halten). Dann gibt es noch den Fall des Jīvanmukta, ein Fall, in dem man solche Widersprüche für undenkbar halten könnte. Auf diese Weise könnte die Diskussion des Widerspruchs aus der Perspektive der Ethik und der Soteriologie des Advaita fortschreiten.

Im Bereich der Epistemologie und der Ontologie des Advaita muss die Diskussion des Widerspruchs jedoch einem anderen Weg folgen. Hier sind Denken und Erfahrung die Referenten des Widerspruchs. In Hinsicht auf diese Referenten kann man folgendes Muster entwickeln: 1) eine Erfahrung widerspricht einer anderen Erfahrung; 2) ein Gedanke widerspricht einem anderen Gedanken; 3) dem Denken wird durch die Erfahrung widersprochen; 4) der Erfahrung wird durch das Denken widersprochen.

Ein Beispiel für den Widerspruch zwischen zwei Erfahrungen ist die Erfahrung, dass das, was man zunächst für eine Schlange gehalten hat, sich dann als ein Seil erweist. Die Erfahrung des Seils widerspricht der Erfahrung der Schlange. Ebenso widerspricht die Erfahrung des Wachens der Erfahrung des Schlafs. Bedenken Sie jedoch, dass im ersten Fall die widersprechende Erfahrung des Seils die widersprochene Erfahrung widerlegt oder falsifiziert; dies kann man bei dem Widerspruch zwischen Wachzustand und Schlafzustand nicht behaupten. Man kann beide Zustände entweder so akzeptieren, wie sie uns erscheinen, oder man kann behaupten, dass der eine Zustand den anderen falsifiziert. Dies ist möglich, weil die beiden zu unterschiedlichen Arten des Bewusstseins gehören, anders als im Fall des Beispiels von Schlange und Seil.

Ein Beispiel für den Widerspruch zwischen einem Gedanken und einem anderen Gedanken wäre es, wenn wir sagten, dass die Wirkung und die (materielle) Ursache zwei verschiedene Dinge sein könnten. Dem widerspricht der Gedanke, dass zwei voneinander verschiedene Dinge eines dritten Dings bedürfen, das sie verbindet, aber dieses dritte Ding muss dann wiederum durch ein viertes und ein fünftes mit dem ersten und so weiter verbunden werden, was zu einem unendlichen Regress führt.

Das Beispiel für den Fall, in dem eine Erfahrung einem Gedanken widerspricht, ist der Fall, in dem man es für undenkbar hält, dass man einen Zustand erfahren könnte, in dem man weder seiner selbst noch der Welt gewahr ist. Doch die Erfahrung des traumlosen Schlafes liefert eben ein solches Beispiel, ebenso wie der *Samādhi**.

Das Beispiel dafür, dass das Denken einer Erfahrung widerspricht ist die scheinbare Bewegung der Sonne über den Himmel. Sie ist für unsere Erfahrung gegeben, doch ihr wird vom astrologischen Wissen widersprochen.

Um zu einer rationalen Darstellung der Ontologie des Advaita zu gelangen, müssen wir diesen gedanklichen Rahmen noch eine Ebene höher ansiedeln: auf der Ebene des Widerspruchs zwischen dem Unwidersprechbaren und dem Widersprechbaren.

Wir haben bereits früher erwähnt, dass »universale, Reine Existenz (oder Reines Bewusstsein) das einzige Ding ist, dessen Widerlegung undenkbar ist. Shankara nennt sie deshalb die Höchste Wirklichkeit (*Pāramārthika Sattā*). Er gelangt auf diese Weise ebenfalls logisch zum Konzept von der Wirklichkeit als dem, was unwiderlegt durch alle Formen der Existenz und alle Orte und Zeiten hindurch fortbesteht«.[93] Im Unterschied zu solcher generellen Existenz ist die Einzelexistenz fragwürdig. »Was jegliche definitive oder einzelne Form der Existenz angeht, die in unserer Erfahrung

---

* Samādhi ist nach hinduistischem Verständnis ein Bewusstseinszustand, der über Wachen, Träumen und Tiefschlaf hinausgeht und in dem das Denken aufhört (Anm. d. Übers.).

erscheinen mag, so können wir niemals sicher sein, ob sie nicht vielleicht von einer widersprechenden Erfahrung, die erst in Zukunft entsteht, verdrängt wird. Es besteht also immer die theoretische oder logische Möglichkeit, dass sie widerlegt wird.«[94]

Die Unterscheidung zwischen dem Widerspruch zwischen der Schlange und dem Seil und dem Widerspruch zwischen Schlaf und Wachen wird dann relevant, wenn behauptet wird, dass von einem *rationalen* Standpunkt gesehen sogar zwei Objekte wie ein Topf (*Ghata*) und ein Tuch (*Pata*) einander falsifizieren.

Seil und Schlange, die in demselben Wachzustand als verschiedene Objekte erfahren werden, falsifizieren einander nicht *wechselseitig*; wenn vielmehr *dasselbe* Objekt, das als Schlange wahrgenommen wurde, sich als Seil erweist, dann wird nur das eine (Schlange) von dem anderen (Seil) falsifiziert. Es mag zwar glaubwürdig sein, wenn man sagt, dass Wachen und Träumen einander falsifizieren, aber sie gehören zu unterschiedlichen Ordnungen der Erfahrung. Es ist zwar wahr, dass sowohl Topf als auch Tuch als Einzeldinge in Relation zur universalen Existenz falsifiziert werden können, aber dass sie sich *gegenseitig* falsifizieren, kann man nur aus der Perspektive der universalen Existenz als der unwiderlegbaren Existenz behaupten, in deren Licht nicht nur beide widerlegt werden, sondern es auch *gegenseitig* tun, obwohl sie sich auf derselben ontologischen Ebene befinden.

Mit anderen Worten: Wandel beinhaltet die Möglichkeit der Widerlegung und möglicher Wandel beinhaltet deshalb die Möglichkeit der Widerlegung, aber bedenken Sie, dass sich aufgrund der Akzeptanz von *Satkāryavāda* der Topf in der *Erfahrung* niemals in ein Tuch verwandeln kann. Vom Standpunkt des *Satkāryavāda* sind beide Wirkungen trügerisch, und zwar in doppeltem Sinn, aber sie falsifizieren *einander* nur in Beziehung zu der höchsten Ebene.

Das Paradox besteht darin, dass sich Topf und Tuch aufgrund ihrer Veränderlichkeit zwar in logischer Hinsicht falsifizieren, dass sie sich in der Erfahrung jedoch nicht *ineinander* verwandeln können. Logik auf der höchsten Ebene schließt die Erfahrung von Einzeldingen aus, während Logik auf derselben Ebene die Erfahrung auf Einzeldinge begrenzt. Das Seil kann sich *scheinbar* in eine Schlange verwandeln, aber kann der Topf sich in Tuch verwandeln? Nein, das kann er nicht, aber was sie tun, das ist »jeweils des anderen Anspruch auf unbezweifelbare Realität abzuschwächen und zu unterminieren«, indem sie gegenseitig ihr Einzeldasein bekräftigen.

DRITTER TEIL

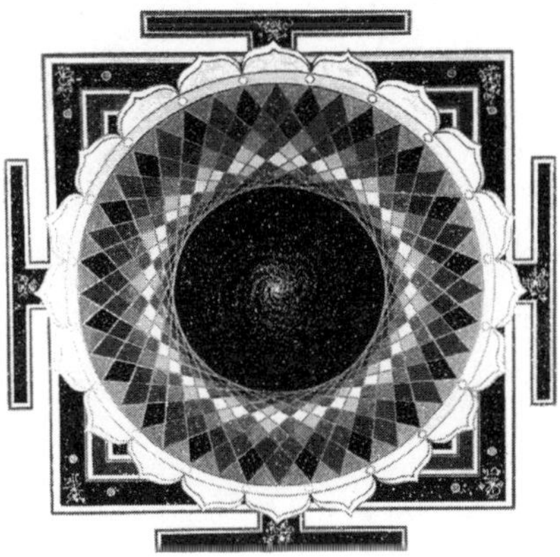

Advaita Vedānta: Eine Annäherung über die Erfahrung

I

Der erfahrungsorientierte Ansatz beim Studium des Advaita Vedānta bietet uns eine dritte Möglichkeit, uns dem Thema anzunähern. Eine erste Rechtfertigung für eine solche Annäherungsweise erhalten wir, wenn wir versuchen, die folgende Frage zu beantworten: Warum sollte eine rationale Annäherungsweise in Kombination mit einer Annäherung über die Schriften nicht zu einem Verständnis des Advaita Vedānta ausreichen? Von einem bestimmten Standpunkt gesehen, sind die beiden tatsächlich ausreichend. Was das angeht, würde schon der schriftenbasierte Ansatz oder der rationale Ansatz allein ausreichen. Wenn wir die Sache jedoch aus einer umfassenderen Perspektive ansehen, kommen wir zu einer anderen Schlussfolgerung. Unsere Lebenserfahrung zeigt uns, dass das Leben von drei Bewusstseinszuständen charakterisiert ist, dem Wachen, dem Traum und dem Tiefschlaf. Eine Philosophie des Lebens muss alle drei berucksichtigen und für alle drei eine Erklärung anbieten. Die Rationalität ist jedoch nur während des Wachzustands für das menschliche Gemüt charakteristisch, auch wenn eine gewisse mentale Aktivität sowohl dem Wachzustand als auch dem Traumzustand gemeinsam ist. Im Tiefschlafzustand hört auch die mentale Aktivität, oder zumindest die bewusste mentale Aktivität auf. Die Rationalität charakterisiert also nur einen Teil des Lebens; könnte man sie deshalb benutzen, um das gesamte Leben zu erklären?

Dasselbe Argument kann man auch in Hinsicht auf bewusste mentale Aktivität, selbst im Wachzustand, in anderer Form anwenden. Im Wachzustand umfasst die mentale Aktivität auch ästhetische und emotionale Erfahrung. Die Rationalität ist also nur *ein* Aspekt dieser vielfältigen mentalen Aktivität, wenn auch ein privilegierter. Wir geben der Rationalität den Vorzug, weil wir sie mit dem philosophischen Projekt assoziieren, mit dem wir beschäftigt sind. So hat ihre Rolle ihr denn in Hinsicht auf die Natur dieses unseres Unterfangens einen gewissen Status verliehen, aber wir täten gut daran, nicht zu vergessen, dass es im Leben um mehr geht als um Logik. Was für eine elektrisierende Einsicht muss dies gewesen sein, bevor es zu einem Klischee wurde!

Wie also müssten wir den Advaita Vedānta präsentieren, wenn er alle Bereiche der Existenz berücksichtigen soll und nicht nur einen, in dem die Rationalität eine so herausragende Rolle spielt?

II

Ein wichtiger Aspekt der erfahrungsorientierten Darstellung des Advaita Vedānta besteht darin, die Endgültigkeit der Unterscheidung zwischen Wachen, Träumen und Tiefschlaf in Frage zu stellen. Wenn wir aus der Perspektive unseres alltäglichen Umgangs mit dem Leben aufgefordert würden, zwei dieser Zustände zusammenzufassen und denjenigen, der übrig bleibt, als Zeichen der relativen Wichtigkeit, die wir ihm beimessen, hervorzuheben, dann werden wir wohl in neun von zehn Fällen geneigt sein, Traum und Tiefschlaf als eine Einheit zusammenzufassen und den Wachzustand als denjenigen Zustand hervorzuheben, in dem wir wirklich lebendig sind. Der Wachzustand steht im Zentrum unseres Lebens. Schließlich leben wir ja »von Tag zu Tag« und nicht von Nacht zu Nacht. Die Nacht ist zum

Ausruhen da und dazu, die Zustände von Traum und Tiefschlaf zu erfahren.

Aus der Perspektive des Advaita gesehen, würde man jedoch eher dazu neigen, die Zustände von Wachbewusstsein und Traum zusammenzufassen und den Tiefschlafzustand hervorzuheben – aus Gründen, die wir im Folgenden erklären werden. Der Advaita Vedānta neigt dazu, den Wachzustand und den Traumzustand ungeachtet ihrer Unterschiede zusammenzufassen, weil sie beide gleichermaßen durch mentale Aktivität charakterisiert sind. Nach der Anschauung des Advaita unterscheiden sich unsere Konzepte von Raum, Zeit und Kausalität im Wach- und im Traumzustand, im Gegensatz zu der verbreiteten Anschauung, dass diese Konzepte im Wachzustand vorhanden, im Traumzustand aber abwesend sind. Aus der Sicht der Advaitin ist der einzige echte Unterschied zwischen den beiden Zuständen ihre Dauer – der Wachzustand nimmt einen längeren Zeitraum ein als der Traumzustand, und das ist der Grund, warum wir uns im Wachzustand daran erinnern können, dass wir geschlafen haben, aber nicht umgekehrt.

Viele Denker in Ost und West waren der Ansicht, dass es problematisch wäre, eine strikte Unterscheidung zwischen Wachzustand und Traumzustand zu treffen. Von den westlichen Denkern möchte ich besonders Descartes und Pascal erwähnen. Descartes schrieb:

> Wenn ich die Sache genau betrachte, finde ich nicht eine einzige Charakteristik, mit deren Hilfe ich mit Gewissheit feststellen kann, ob ich wach bin oder träume. Die Schau eines Traumes und die Erfahrung meines Wachzustandes sind so ähnlich, dass ich völlig ratlos bin und nicht wirklich weiß, ob ich in diesem Augenblick nicht träume.[95]

Und Pascal sagte:

> Wenn uns jede Nacht derselbe Traum käme, sollten wir uns damit ebenso beschäftigen wie mit den Dingen, die wir jeden Tag sehen. Wenn ein Handwerker gewiss wäre, jede Nacht volle zwölf Stunden hindurch zu träumen, dass er König sei, so glaube ich, dass er eben so glücklich wäre wie ein König, welcher alle Nächte während zwölf Stunden träumte, er sei Handwerker.[96]

Im Orient waren offenbar der indische König Janaka und der chinesische Philosoph Zhuangzi über ähnliche Erfahrungen verblüfft. Es gab einmal einen berühmten indischen König namens Janaka. »König Janaka hatte geträumt, er sei ein Bettler. Als er erwachte, fragte er seinen Guru: ›Bin ich ein König, der träumt er sei ein Bettler, oder ein Bettler, der träumt er sei ein König?‹«[97]
Zhuangzi (etwa 369–286 v. Chr.), nach Laozi der zweite große Repräsentant des Daoismus, »stellt die für die Epistemologie letztlich unbeantwortbare Frage«[98]:

> Einst träumte Zhuang Zhou [Zhuangzi], er sei ein Schmetterling – ein Schmetterling, der glücklich und fröhlich umherflatterte. Er wusste nicht, dass er Zhuang Zhou war. Plötzlich erwachte er und war ganz handgreiflich Zhou. Er wusste nicht, ob er Zhou war, der geträumt hatte, ein Schmetterling zu sein, oder ein Schmetterling, der gerade träumte, Zhou zu sein. Nun muss es aber einen Unterschied zwischen Zhou und dem Schmetterling geben. Dies nennt man die Transformation der Dinge.[99]

In einer weniger berühmten, aber ausführlicheren Passage wirft Zhuangzi noch einmal die Frage der Plausibilität der traumartigen Natur des Lebens auf:

> Jemand, der träumt, bei einer heiteren Tafelrunde Wein zu trinken, mag am nächsten Morgen schluchzend erwachen. Jemand der träumt, er weine, mag am nächsten Morgen zur fröhlichen Jagd aufbrechen. Solange wir uns mitten in einem Traum befinden, wissen wir nicht, dass es ein Traum ist. Manchmal können wir sogar versuchen, noch träumend unseren Traum zu deuten, und dann wachen wir auf und erkennen, dass es ein Traum war. Nur nach dem großen Erwachen erkennen wir, dass alles ein großer Traum war, während der Narr vermeint, wach zu sein, und sich anmaßt, klar zu sehen. »Mein hochverehrter Fürst« – »O du demütiger Hirte!«… wie verdreht sie doch sind!
> Konfutse und du, ihr träumt beide, und auch ich träume, wenn ich sage, dass ihr träumt. Solche Rede mag man rätselhaft nennen, aber nach Myriaden Generationen tritt vielleicht ein großer Weiser auf, der sie zu erklären weiß, und es wird sein, als erschiene er von einem Tag auf den anderen.[100]

Eine ähnliche Tendenz, den Wachzustand als analog zum Traumzustand zu behandeln, finden wir auch im buddhistischen Denken, etwa in der folgenden Passage:

> »Die Sinne sind wie Illusionen und ihre Objekte wie Träume. So mag zum Beispiel ein schlafender Mann träumen, er habe mit einer wunderschönen Maid vom Lande geschlafen, und er mag sich an sie erinnern, wenn er aufwacht. Was denkst du … existiert die schöne Maid, von der er geträumt hat, wirklich?«

»Nein, Ehrwürdiger.«
»Und wäre es weise von dem Mann, in der Erinnerung an die Maid seiner Träume zu glauben, dass er wirklich mit ihr geschlafen habe?«
»Nein, Ehrwürdiger, denn sie existiert ja nicht wirklich, wie könnte er mit ihr geschlafen haben? Allerdings könnte er das unter dem Einfluss von Schwäche oder Müdigkeit tatsächlich glauben.«
»Auf dieselbe Weise sieht ein törichter und unwissender Weltmensch angenehme Formen und glaubt an ihre Existenz. Also empfindet er Lust, und so fühlt er Leidenschaft und handelt entsprechend.«[101]

Mystiker sind mehr noch als die Philosophen geneigt, auf einer bestimmten Ebene keine Unterscheidung zwischen Wachen und Träumen zu machen, wie etwa in der folgenden Geschichte, die von Shrī Rāmakrishna Paramahamsa (1836–1886) erzählt wurde:

Einem König wurde ein Sohn geboren. Er war sein einziges Kind und er war deshalb der Augapfel des Königs und der Königin. Der Prinz wurde der Liebling aller und als er älter wurde, lehrte man ihn alle Künste und Wissenschaften. Eines Tages wurde der Prinz plötzlich krank. Die Krankheit verschlimmerte sich immer mehr und selbst die besten Ärzte des Königreichs fanden, dass ihre Behandlung nichts bewirkte. Der König und die König wichen Tag und Nacht nicht von seinem Krankenbett und die kompetentesten Ärzte und Krankenschwestern kümmerten sich um ihn. Aufgrund seines ständigen Wachens war der König schließlich so erschöpft, dass er eines Nachts dem Schlaf nicht mehr zu widerstehen vermochte. Er wurde durch das Geräusch von Jammern und Weinen geweckt und erfuhr, dass der Prinz gestorben sei, während er schlief. Der König saß da wie vom Donner gerührt und sagte kein Wort. Die Königin fragte ihn, wie es sein könne, dass sich auf den Tod seines einzigen Kindes hin, das er so sehr geliebt hatte, keine einzige Träne in seinen Augen fände.

Der König antwortete: »O Königin, als ich eingeschlafen war, träumte ich, ich sei zum Monarchen eines großen Königreichs geworden, das viel größer war als das meine, und ich sei der Vater von sieben ehrenwerten und idealen Prinzen, die alle wohl geschult waren in der Kunst der Verwaltung. Ich übergab ihnen die Verantwortung für mein Königreich und lebte von da an in Frieden und Glück mit dir zusammen. Jetzt ist es zu dieser Tragödie gekommen, und ich weiß nicht, ob ich nun das Kind betrauern soll, das uns heute verlassen hat, oder ob ich über den Verlust der sieben Söhne und des riesigen Königreichs klagen soll: Ich sehe keinen Unterschied zwischen den beiden Verlusten, und für mich ist die Welt nicht mehr geworden als ein Traum.«[102]

Ramana Maharshi (1879–1950) behauptet noch dezidierter, dass es hier keinen Unterschied gäbe:

Alles, was wir sehen, ist ein Traum, ob wir es nun im Traumzustand oder im Wachzustand sehen. Aufgrund einiger willkürlicher Maßstäbe wie der Dauer der Erfahrung und so weiter nennen wir eine Erfahrung einen Traum und eine andere die Erfahrung das Wachens. In Hinsicht auf die Wirklichkeit sind beide Erfahrungen unwirklich. Ein Mann mag in einem Traum die Erfahrung machen, der Gnade (*Anugrah*) teilhaftig zu werden, und die Auswirkung und der Einfluss auf

> sein ganzes folgendes Leben können so tief greifend und nachhaltig sein, dass man diese Erfahrung nicht unwirklich nennen kann, während wir irgendeine Lappalie, die wir im Wachzustand erleben und die im Nu vorüber ist, die keinerlei Auswirkungen hat und die wir bald wieder vergessen haben, wirklich nennen. Ich hatte einmal eine Erfahrung, eine Vision oder einen Traum, wie immer Sie das nennen möchten. Ich und einige andere, drunter auch Chadwick, gingen auf einem Hügel spazieren. Auf dem Rückweg gingen wir eine breite Straßen mit großen Gebäuden auf beiden Seiten entlang. Ich zeigte auf die Straße und auf die Gebäude und fragte Chadwick und andere, ob mir irgendjemand sagen könne, ob das, was wir das sähen, ein Traum sei. Sie alle antworteten mir: *Welcher Narr würde das behaupten?*, und wir gingen weiter und traten in die Halle ein und die Vision oder der Traum hörten auf, oder [wir] wachten auf. Wie sollen wir das nun nennen?[103]

In einer Geschichte, die über den fünften Sikh-Guru, Guru Arjun (1563–1606), erzählt wird, geht es um etwas Ähnliches. Es heißt, dass der König ihn besuchen kam, aber …

> … als er [der König] hörte, dass die Musiker eine Komposition des Gurus sangen, in der es hieß: »O Freund, die Schrift, die dein Gott aufgeschrieben hat für dich, die lässt sich niemals auslöschen«, da wurde er ängstlich in seinem Gemüt. Als er den Guru befragte, erklärte der seinem Besucher, dass die Schrift, die Gott schreibt, auf unseren eigenen Taten beruhe. Darüber war der König sehr enttäuscht, und er fragte: »Wenn das der Fall ist, wozu brauchen wir dann die Gnade des Gurus? Wozu sollen wir Gutes tun oder gut

sein, wenn das, was geschehen muss, sowieso geschieht?« Der Guru antwortete: »Darüber werden wir morgen sprechen.«

In der Nacht träumte der König, er sei zu einem Straßenkehrer geworden, der in Lumpen gekleidet war, der ständig mit Unrat zu tun hatte und der das Leben eines armen Teufels führte. Des Morgens erwachte er beunruhigt und erzählte dem Guru davon. Der Guru antwortete: »O Frommer, du hast als König geschlafen und wurdest im Traum zu einem armen Teufel. Dein Traumzustand war zu der Zeit, wo du träumtest, ebenso gültig wie dein königlicher Status, den du wirklich besitzt. Die Gnade des Gurus besteht darin, dass du, ganz gleich was deine Vergangenheit und deine Gegenwart sein mag, nur so durch diese hindurchgehst und von ihnen betroffen wirst, wie man durch einen Traum hindurchgeht, bis dein eigenes Selbst erwacht, um die eigentlich königliche Natur deiner Seele zu verwirklichen.«[104]

Der Zustand des Tiefschlafs steht in radikalem Kontrast zu den Zuständen des Wachens und des Träumens. Die hervorstechendsten Merkmale dieses Kontrastes sind zwiefältig:

1. Im Tiefschlaf verliert man das Gewahrsein sowohl von einem selbst als auch von der Welt, der inneren wie der äußeren. Im Wachzustand ist man der Welt äußerer Objekte gewahr; auch im Traumzustand ist man einer Welt äußerer Objekte gewahr (die sich aber beim Aufwachen als innere Objekte erweisen). Diese wesentliche Unterscheidung verschwindet jedoch im Tiefschlaf.
2. Auch wenn man im Tiefschlaf einen Verlust der Individualität erleidet, identifiziert man sich beim

> Aufwachen doch mit der Person, die sich schlafen gelegt hat. Dies beweist, dass die Identität den Verlust der Individualität überleben kann.

Diese beiden Tatsachen – dass man im Tiefschlaf jegliche Empfindung von Individualität (und von der Welt) verliert und dass es trotz dieses Aussetzens der Individualität nicht zu einem Verlust der Identität kommt – werden als derart sensationelle Züge des Tiefschlafzustandes betrachtet, dass sie es, für den Advaitin, rechtfertigen, diesen Zustand im Vergleich zu Wachen und Träumen zusammengenommen in eine besondere Kategorie einzuordnen.

III

Wir kehren nun zur Diskussion der drei Zustände als getrennte Zustände zurück, nachdem wir festgestellt haben, dass die Analyse des Tiefschlafs zu der Schlussfolgerung führt, dass es ein Etwas geben muss, welches eine Diskontinuität überlebt, die so krass ist wie im Fall des Tiefschlafs, wo unsere Empfindung von Individualität verloren geht. Das führt uns nun zu einer größeren Frage: Worin besteht das zugrunde liegende Verbindungsglied zwischen den beiden verschiedenen Arten von Individualität, die wir im Wachzustand beziehungsweise im Traumzustand erfahren? Es muss also etwas geben, das sowohl den sich verändernden Individualitäten im Wachzustand und im Traumzustand als auch dem Verlust der Individualität als solcher im Tiefschlafzustand zugrunde liegt.

So gelangt man zum Konzept des Reinen Subjekts, in dessen Abwesenheit die drei unterschiedlichen Zustände nicht zur Erfahrung einer einzigen Person führen könnten.

Dies ist im Bereich der Erfahrung das Gegenstück zu dem, was wir aus der Sicht der Schriften Sākshī und im rationalen Ansatz Drik genannt haben.

IV

Ein anderer Weg, uns dem Advaita Vedānta von der Erfahrung her anzunähern, besteht darin, die Hierarchie der drei Zustände – aufgeführt in der Reihenfolge Wachzustand, Traumzustand und Tiefschlafzustand – auf zwei unterschiedliche, aber komplementäre Weisen zu betrachten.

Man kann die Analyse der drei Zustände benutzen, um sowohl auf die Natur dieses Reinen Subjekts hinzuweisen als auch darauf, wie wir es entdecken können. Diese zweifache Stoßrichtung einer frischen Analyse der drei Zustände ist zum Beispiel ganz deutlich in einigen der Aussagen von Ramana Maharshi impliziert. Einerseits räumt er ein, dass der Zustand des Tiefschlafs in einem gewissen Sinne dem Zustand des Reinen Subjekts näher ist, da »der Schlafzustand frei ist von Gedanken und ihren Eindrücken auf das Individuum«[105]. Andererseits warnt er, man solle »sich deshalb nicht wünschen, immer im Schlaf zu verweilen«, denn »der Anreiz, das Selbst zu verwirklichen« könne nur im Wachzustand entstehen und man könne die entsprechenden »Bemühungen nur dann unternehmen, wenn man wach ist«[106].

Diese Unterscheidung zwischen dem, was verwirklicht werden soll, und der Art und Weise, wie es zu verwirklichen ist, ist ganz wesentlich für das Verständnis der Weise, auf die man sich im Advaita Vedānta den drei Zuständen von Wachen, Traum und Tiefschlaf annähert. Tatsächlich haben Ramana und frühere Denker des Advaita diese drei Zustände in einem Muster gegenläufiger Hierarchien angeordnet (etwa wie Struktur und Gegenstruktur). Man kann diese Muster jeweils als den theoretischen und den praktischen Weg der Annäherung an das Thema bezeichnen. »Der theoretische Ansatz zeigt uns, wohin wir gelangen wollen, nämlich zur Verinnerlichung und zu Vereinheitlichung des Bewusstseins, während der praktische Ansatz darauf hinweist, wie wir

schließlich zu diesem Ziel gelangen können, nämlich durch das Wissen des Advaita oder yogischen Willen.«[107]
Wir betrachten nun zuerst den theoretischen Ansatz. Man könnte argumentieren, dass das Bewusstsein im empirischen Subjekt immer flüchtiger wird, wenn man in der Welt der gewöhnlichen Erfahrung schrittweise vom Wachzustand über den Traumzustand zum Tiefschlafzustand fortschreitet. Im Wachzustand werden Objekte in der äußeren Welt erfahren. Im Traumzustand werden die Objekte zu einem Produkt des inneren Bewusstseins der Person. Im Tiefschlaf löst sich die Unterscheidung zwischen dem Subjekt und dem Objekt auf – selbst die innere Trennung innerhalb eines Traums zwischen dem erfahrenden Subjekt und dem erfahrenen Objekt verschwindet. Alles, was zurückbleibt, ist die schlafende Person. Doch da sich die Person beim Aufwachen daran erinnert, dass sie geschlafen hat, muss es irgendein bewusstes Subjekt gegeben haben, welches Zeuge der Unbewusstheit des Schlafes gewesen ist.
Dieses Reine Subjekt muss verwirklicht werden. Es heißt, dass seine Verwirklichung allem Unglücklichsein ein Ende macht. Außer demjenigen Menschen, der dazu gelangt ist, dieses Reine Subjekt durch eigene Erfahrung zu »kennen« – ein Subjekt, das nur durch sich selbst »aufgrund seines Selbstleuchtens« erkannt wird –, erfährt, wie die Advaitin behaupten und wie Ramana es formuliert, »jedermann, vom König bis zum Bauern eine gewisse Menge an Kummer. Selbst in dem Fall, wo dieser abwesend zu sein scheint, ist es nur ein Zeitfaktor, der uns das denken lässt – früher oder später stellt sich Kummer ein.«[108] Zumindest solange, bis die Selbst-Verwirklichung erreicht ist.
Diese Analyse ist in mehrfacher Hinsicht suggestiv. Zuerst einmal legt sie nahe, dass wir es bei der Verwirklichung des Reinen Subjekts aufgrund seiner Reinheit mit einer radikalen Diskontinuität zu tun haben: mit der totalen Abwesenheit

jeder Beziehung zu irgendeinem Objekt wie im Tiefschlaf, im Unterschied zu seiner verinnerlichten Beziehung wie im Traum oder einer äußeren Beziehung wie im Wachzustand. Das Wissen um das reine Subjekt ist also kategorisch verschieden von dem Wissen oder der Abwesenheit von Wissen, wie sie in einem Subjekt-Objekt-Kontext auftreten, auch wenn diese letztere Art des Wissens selbst in den Zuständen von Wachen, Traum und Tiefschlaf qualitativ unterschiedlich ist.

Da zweitens die Verwirklichung der reinen Subjektivität die totale Eliminierung jeglicher Form eines Objekt-Kontextes beinhaltet, ist die Erkenntnis des Reinen Subjekts ein gänzlich negatives Unterfangen in dem Sinne, dass alle Objekte auf allen Ebenen ausgeschaltet werden müssen – einschließlich der Möglichkeit eines Subjekts in einem Zustand der *Beziehung* zu keinem Objekt. Das Subjekt muss einfach nur Subjekt sein. »Wenn Nicht-Selbst verschwindet, bleibt allein das Selbst zurück. Um Raum dafür zu schaffen, reicht es aus, dass der Krampf entfernt wird. Es wird nicht aufs Neue Raum geschaffen. Man könnte sagen, dass selbst im Krampf mehr Raum vorhanden ist.«[109] Diese Passage hilft die Anmerkung zu erklären, dass in der gewöhnlichen Erfahrung zwar »das wahre Selbst nicht erkannt werden kann, es deshalb aber nicht unverwirklicht bleibt, da es selbstoffenbarend ist. Es lasst sich in der Tat nie ganz unterdrücken.«[110] In diesem Sinne muss man wohl auch Ramana Maharshis folgende Aussage verstehen: »Das Gefühl, nicht verwirklicht zu sein, ist das Hindernis für die Verwirklichung. Tatsächlich ist sie bereits verwirklicht.«[111]

Als nächstes wollen wir nun den praktischen Ansatz zur Verwirklichung des Selbst und zur Erkenntnis seiner Beziehung zu den drei Zuständen von Wachen, Traum und Tiefschlaf untersuchen. Jede Bemühung zur Verwirklichung impliziert einen Willensakt, also muss die Hierarchie von einem praktischen Standpunkt gesehen nun umgekehrt werden: Im Tiefschlaf ist kein Willensakt möglich, im Traumzustand vielleicht etwas mehr, am ehesten jedoch im Wachzustand. Man kann die beiden Hierarchien im Überblick folgendermaßen darstellen:

Die drei Zustände in Hinsicht auf die Vereinheitlichung des Bewusstseins	**Die drei Zustände in Hinsicht auf Willensakte im Bewusstsein**
Tiefschlaf Traumzustand Wachzustand	Wachzustand Traumzustand Tiefschlaf

Der wichtige Punkt, den es hier zu berücksichtigen gilt, ist, dass man nicht einfach von einer Pyramide zur anderen hinüber springen kann. Das ist in etwa so wie in der Erfahrung des Bergsteigens: Wir mögen auf einem Vorsprung auf dem Gipfel eines Berges stehen und ein anderer Berg mag zum Greifen nahe scheinen. Es wäre trotzdem recht töricht, wenn wir versuchten, einfach von einem Gipfel zum anderen hinüber zu springen. Man muss vielmehr den ganzen Weg hinabsteigen und dann zum Gipfel des anderen Berges hinaufklettern.

V

Was, so mag man fragen, ist denn nun genau die Natur des Problems, das zu lösen man sich im Wachzustand bemühen muss?

Das Problem lässt sich am besten mit Hilfe eines Beispiels verdeutlichen. Lassen Sie uns den Fall einer jungen Dame annehmen, die in ihren Beau verliebt ist und sich ein hübsches Kleid kaufen geht, um ihm eine Freude zu machen. Sie kommt mit dem Kleid nach Hause und legt es auf den Tisch.

Dann macht sie es sich in einem Sessel bequem und beginnt sich die romantischen Möglichkeiten auszumalen, die das neue Kleid vielleicht auslösen könnte.
Sie stellt sich vor, wie sie das Kleid am Abend anziehen und dann mit ihrem Freund zu einem schönen Abendessen ausgehen wird. Sie wird das Kleid besonders sorgfältig bügeln und ein verführerisches Parfum auflegen. Sie bedenkt auch die Möglichkeit, dass sie Wein über das Kleid ausgießen und es damit ruinieren könnte (Gott bewahre!). Sie stellt sich vor, dass sie das Kleid aufbewahren und nach vielen Jahren der Ehe ihrer Tochter zeigen wird, auch wenn es dann schon recht abgetragen sein wird, und dass sie ihr erzählen wird, wie ihr jetziger Ehemann ihr an diesem Abend einen Heiratsantrag gemacht hat. Während sie noch diesen Gedanken nachhängt, klingelt das Telefon und sie erzählt ihrer Freundin von diesem phantastischen Kleid, das sie gerade gekauft hat, und beschreibt in allen Einzelheiten, wie es zu diesem Kauf kam.
Während all dies geschieht, hat das Kleid selbst einfach auf dem Tisch gelegen. All ihre Erfahrungen haben also eigentlich nichts mit dem Kleid, sondern mit dem Kleid Gedanken zu tun. Wenn sie daran denkt, wie sie das Kleid tragen wird, dann beschäftigt sie sich in Wirklichkeit mit dem Kleid-Gedanken – das Kleid selbst liegt einfach auf dem Tisch. Das Netz romantischer Assoziationen, das sie gesponnen hat, ist auch nicht um das Kleid selbst herum gesponnen, das einfach als Ding auf dem Tisch liegt, sondern um den Kleid-Gedanken in ihrem Gemüt. Wenn sie mit ihrer Freundin am Telefon spricht, dann spricht sie in Wirklichkeit über den Kleid-Gedanken und nicht über das Kleid selbst, das da auf dem Tisch liegt, unberührt von all den Wechselfällen des Schicksals, die dem Kleid in ihrer Imagination widerfahren. In dem Moment, in dem die junge Dame aufhört, den Kleid-Gedanken – der es in Wirklichkeit ist, worum sich ihr Denken und

ihr Gespräch dreht, nicht das Kleid selbst – zu denken und darüber zu sprechen, kehrt der Kleid-Gedanke, so könnte man sagen, in das Kleid zurück.

Dieses Beispiel dient uns dazu, mehrere Aspekte des vorliegenden Problems zu illustrieren. Nach Anschauung der Advaitin ist das, womit wir im Laufe unseres Alltagslebens beschäftigt sind, nicht das wahre »Ich«, sondern der »Ich-Gedanke«, so wie die junge Dame in ihren romantischen Träumen mit dem Kleid-Gedanken und nicht mit dem Kleid beschäftigt war, auch wenn es ihr schwer fallen mag, diese Unterscheidung zu treffen. Auch wenn das Kleid als Kleid-Gedanke das Objekt so vieler Tätigkeiten war, lag das Kleid als solches passiv auf dem Tisch. Ebenso wie es nicht das Kleid, sondern der Kleid-Gedanke war, der das Leben der jungen Dame für einige Zeit beherrschte, ist es nach Anschauung der Advaitin nicht das Reine Subjekt – das reine »Ich« –, sondern der »Ich-Gedanke«, der unser Leben beherrscht, der Ich-Gedanke, der vom wahren Ich abgelöst ist, dessen Existenz aber davon abgeleitet ist, so wie der Kleid-Gedanke von dem Kleid abgelöst und dessen Existenz doch davon abgeleitet ist. Dieser Ich-Gedanke wird auch das »Ego« genannt, und es heißt, »nur diejenigen, die die wahre Natur des Egos erkannt haben, haben die Wirklichkeit gesehen. Sie werden keine Zweifel und keine Angst mehr haben.«[112] Auch dieser Punkt lässt sich durch eine Analogie verdeutlichen: Wenn man nämlich erst einmal die Natur des Kleid-Gedankens erkannt hat – den wir ständig mit dem Kleid selbst verwechselt haben –, dann entdecken wir zugleich die wahre Natur des Kleides an sich, unverschleiert von dem Kleid-Gedanken.

Im Advaita heißt es, es gehöre zur Erkenntnis der eigenen wahren Natur, dass man erkennt, wie der Ich-Gedanke aus dem wahren Ich entsteht. »Damit ich sagen kann ›Ich bin dies‹ oder ›Ich bin das‹, muss es ein ›Ich‹ geben. Dieses ›Ich‹ ist nur das Ego, der ›Ich-Gedanke‹ ist deshalb nicht der

Wurzel-Gedanke ... finde heraus, was seine Quelle ist. Dann werden all diese [anderen Gedanken] verschwinden und das wahre Selbst wird zurückbleiben.«[113] Genauso sagt man uns, dass das Ego aus dem Selbst hervorgehe, wie der Funke aus dem Feuer. »Der Funke wird das Ego genannt. Im Falle des unwissenden Menschen identifiziert es sich gleichzeitig mit seinem Entstehen mit einem Objekt. Es kann nicht unabhängig von einer solchen Assoziation mit Objekten bestehen. Wird seine objektivierende Tendenz abgetötet, dann bleibt es rein und verschmilzt auch mit der Quelle.«[114] Diesen Punkt kann man ebenfalls in Beziehung zu der Analogie vom Kleid-Gedanken und dem Kleid erläutern. Wenn wir das Kleid *als* Kleid ohne den Kleid-Gedanken wahrnehmen, dann könnte man sagen, dass wir entweder den Kleid-Gedanken zu seiner Quelle, dem Kleid, zurückverfolgt haben, oder dass wir den Kleid-Gedanken in das Kleid haben aufgehen lassen.

So wie man zwischen dem Kleid und dem Kleid-Gedanken unterscheiden musste, so muss man zwischen dem Ich und dem Ich-Gedanken unterscheiden. »Du musst zwischen dem ›Ich‹, das rein an sich ist, und dem ›Ich‹-Gedanken unterscheiden.«[115] »Wenn du als das ›Ich‹ verweilst, dein bloßes Sein, ohne Gedanken, dann wird der ›Ich‹-Gedanke verschwinden und die Verblendung wird für immer ausgeräumt sein.«[116]

Das wirft die interessante Frage auf: Gibt es zwei »Ichs«? In Hinsicht auf unsere Analogie wäre die entsprechende Frage: Gibt es zwei Kleider? Es gibt natürlich nur ein Kleid. Genauso gibt es nur ein Ich. Doch so wie das Kleid den Kleid-Gedanken hervorbringt, so entsteht der Ich-Gedanke aus dem Ich. Man könnte auch sagen, dass, sobald der Kleid-Gedanke einmal entstanden ist, in verschiedenen Phasen unterschiedliche Kleid-Gedanken entstehen, die auf dem ursprünglichen Kleid-Gedanken basieren. Die Reihenfolge ist also: Kleid > Kleid-Gedanke > Kleid-Gedanken. Das hilft uns, das Folgende zu erklären: »Das ›Ich‹ des Traums ist verschwunden. Ein anderes ›Ich‹ spricht von dem Traum. Dieses ›Ich‹ war nicht im Traum. Beide ›Ichs‹ sind unwirklich. Es gibt das Substrat des Gemüts, das die ganze Zeit fortbesteht und alle möglichen Szenen hervorbringt. Mit jedem Gedanken entsteht ›Ich‹ und mit seinem Verschwinden verschwindet das ›Ich‹ ebenfalls. Die ›Ichs‹ werden also in jedem Augenblick geboren und sterben wieder«,[117] so wie die Kleid-Gedanken von Moment zu Moment auftauchen. Wenn man erst einmal weiß, dass das Kleid sicher auf dem Tisch liegt, dann macht man sich über die Wechselfälle der Kleid-Gedanken keine Sorgen mehr.

Die Analogie des Kleides ist auch noch in einer anderen Hinsicht aufschlussreich. So heißt es zum Beispiel im Advaita: »Das, was nachforscht, ist das Ego. Das ›Ich‹, das erforscht wird, ist ebenfalls das Ego. Als Ergebnis der Nachforschung hört das Ego auf zu existieren.«[118] Entsprechend könnte man sagen: Wenn wir, wie wir das im Allgemeinen tun, vom Bereich des Kleid-Gedankens ausgehen, so ist es der Kleid-Gedanke, der sich selbst erforscht. Dann erkennt er, dass er bloß der Kleid-Gedanke ist, und verschwindet; damit macht er Platz für das tatsächliche Kleid, das auf dem Tisch liegt. Im Advaita werden wir zudem aufgefordert nachzuforschen, wer den Wechselfällen des Lebens unterliegt, um zu entdecken, dass nur das Ego von ihnen betroffen ist, nicht das Selbst, und dass »das Ego nicht existiert«. Entsprechend: Die Kleid-Gedanken unterliegen all den Wechselfällen, doch sie sind für das Kleid selbst nicht bindend und die Kleid-Gedanken sind in dem Sinne nichtexistent, in dem das, was wirklich existiert, nur das Kleid ist. Weiterhin heißt es: »Wirklichkeit besteht einfach in dem Verlust des Egos.«[119] Entsprechend: Die Erkenntnis der Wirklichkeit des Kleides ist einfach der Verlust der Kleid-Gedanken. Die Analogie ist also in mancher Hinsicht hilfreich. Lassen Sie mich zum Abschluss zwei weitere Fälle nennen, in denen sie auf eine dynamischere Weise nützlich ist, indem sie nämlich ein Licht darauf wirft, wie das spirituelle Ziel tatsächlich zu verfolgen ist.

Es ist manchmal die Rede davon, dass die Verwirklichung eine plötzliche sein kann oder eine allmähliche, das heißt, dass sie Zeit braucht, um sich zu stabilisieren. Manchmal sagt Ramana Maharshi, dass »es keine Grade der Verwirklichung gibt«[120], und bei anderer Gelegenheit sagt er, dass »die Verwirklichung Zeit braucht, um sich zu stabilisieren«[121]. Auch dies könnte man in Begriffen unserer Analogie verstehen. Wir wollen uns vorstellen, dass die junge Dame in unserer Geschichte plötzlich erfährt, dass ihr Beau sich mit einer anderen Frau davongemacht hat. Wenn die junge Dame über diese Enthüllung fassungslos vor Entsetzen wäre, dann würde das Kleid für sie augenblicklich nur noch ein Stück Stoff sein – alle Kleid-Gedanken würden verschwinden. Würde sie jedoch auch weiterhin noch Zuneigung zu dem treulosen Burschen, der sie verlassen hat, empfinden, dann könnte es sein, dass gelegentlich noch Kleid-Gedanken aus dem Kleid entstehen, bis das Kleid schließlich zu einem bloßen Stück Stoff für sie geworden ist (wenigstens so lange, bis sie einen anderen Beau gefunden hat).

Manchmal heißt es auch, dass Verwirklichung so lange nicht möglich ist, wie man noch »eines ›Ich‹ gewahr ist«; sie kann erst dann eintreten, wenn man »das ›Ich‹ ist«. Solange man noch in Gedanken über das Kleid schwelgt, befindet man sich sozusagen in einem Zustand der Entfremdung vom Kleid und bloß im Reich der Kleid-Gedanken. Aber wenn das Kleid zum Kleid wird, das heißt, wenn alle Kleid-Gedanken verschwinden, nur dann befindet es sich in seinem natürlichen und ursprünglichen Zustand.

Man könnte sagen, dass der Prozess der Verwirklichung drei Stadien hat. Im ersten Stadium, dem Ausgangspunkt, ist man sich nur des Ich-Gedankens bewusst. Man ist so total von dieser Identifikation mit dem Ich-Gedanken eingenommen, dass man gar nicht weiß, dass es ein zugrunde liegendes wahres Ich gibt, das etwas ganz anderes ist als der Ich-Gedanke, auch wenn es dessen Quelle ist. Das Reine Subjekt wird, mit anderen Worten, niemals erkannt, obwohl es immer gegenwärtig ist, weil man sich mit der Existenz der drei Zustände des Bewusstseins identifiziert, die den reinen Zeugen überdecken. Im zweiten Stadium muss man dann die Welt aus dem Blick verlieren, um das reine Subjekt zu erfahren. So lehrt Ramana Maharshi:

> Wann wird die Verwirklichung des Selbst erlangt? Wenn die Welt, die als wirklich angesehen wurde, entfernt wird, dann wird es zur Verwirklichung des Selbst kommen, das der Sehende ist.
> Kann es denn nicht eine Verwirklichung des Selbst geben, auch wenn die Welt (als wirklich genommen) vorhanden ist? Es kann sie nicht geben.[122]

Im dritten Stadium wird das Reine Subjekt erkannt und die Welt wird wieder gesehen, nun aber als ein Teil des Selbst und nicht, wie zu Anfang, als getrennt davon. In Begriffen unserer Analogie beginnt man mit der jungen Dame, deren Kopf voller Kleid-Gedanken ist. Im zweiten Stadium erfährt sie das tatsächliche Kleid, das sie anziehen kann. Solange die Kleid-Gedanken nicht aus ihrem Gemüt verschwinden, kann sie das wirkliche Kleid nicht sehen und erfahren. Während sie es tatsächlich erfährt, ist sogar der Gedanke »Dies ist das Kleid« eine Ablenkung davon. Wenn sie schließlich aus ihrer Absorption durch das Kleid hervortritt, kann sie sich wieder dem Spiel der Kleid-Gedanken hingeben, aber sie ist der Beziehung dieser Kleid-Gedanken zu dem wahren Kleid gewahr, was zu Beginn nicht der Fall war.

Die Beziehung zwischen dem Kleid und dem Kleid-Gedanken hat auch weiterhin großen veranschaulichenden und deshalb erklärenden Wert. Das wird deutlich, wenn wir die Natur des Ich-Gedankens, wie er im Advaita Vedānta analysiert wird, noch ein wenig weiter erkunden. Es lohnt sich zu bemerken, dass der Ich-Gedanke, wenn er sich im Kontext der Person erhebt, oft die Form von »Ich-bin-der-Körper« annimmt.[123] Das heißt, dass er kein vager, freischwebender Ich-Gedanke ist, sondern einen definitiven, wenn auch gänzlich unbestimmten Referenten hat. Entsprechend ist auch der Kleid-Gedanke in Relation zu dem Kleid kein Kleid-Gedanke im Allgemeinen, sondern er nimmt die Form von »*einem* Kleid-Gedanken« und nicht von »Kleid-Gedanke« im Allgemeinen oder etwa einer Ansammlung von Kleidern an. »Gibt es nicht einen Namen für den Körper? Er ist das, was für uns der Name dieser bestimmten Person ist. Wenn jemand gefragt wird, wer er sei, dann sagt er ›Ich bin Rāma‹. Wenn ein anderer ruft ›Rāma!‹, dann dreht diese Person sich um. Während andere Körper andere Namen haben, wird dieser bestimmte Körper zu Rāma.«[124] Entsprechend mögen andere Ketten von Kleid-Gedanken ihre eigene Identität haben und mögen in anderen Zusammenhängen auftauchen, aber diese Kette von Kleid-Gedanken hat ihre eigene Identität und ihr eigenes Schicksal.

Man kann die verwendete Metapher sogar noch dahingehend ausweiten, dass sie Aufschluss über die Beziehung der verschiedenen in den Upanischaden erwähnten Hüllen und dem Ich beziehungsweise dem Ich-Gedanken gibt. Nach der Lehre über die verschiedenen Koshas oder Hüllen wird das Individuum von fünf Koshas »umhüllt« – und in ihrem Kern befindet sich der wahre Ātman oder das wahre Ich. Doch empirisch existiert die Person als ein Wesen, das von diesen Koshas umgeben und von einem Ich-Gedanken erzeugt wird. Die Person ist wie die junge Dame, die in ihr Kleid gehüllt ist, sich aber immer noch von dem Kleid-Gedanken in Phantasien und Träume davontragen lässt. Tatsächlich kann man hier ganz direkt auf den Punkt kommen, indem man eine einfache Übung durchführt. Bitte setzen Sie sich ganz still an einen Tisch und denken Sie einfach an sich als jemanden, der sich ganz still an einen Tisch setzt. Was Sie dann im Gemüt haben ist ein Ich-Gedanke von sich selbst, der Sie sich an einen Tisch setzen. So wie Sie dann mit dem Ich-Gedanken beschäftigt sind, geht die junge Dame, die in ihrem Sessel sitzt und an alle möglichen Dinge denkt, die sie in das Kleid gekleidet unternehmen wird, auf ähnliche Weise mit dem Kleid-Gedanken um.

Der erfahrungsorientierte Advaita macht zudem eine Unterscheidung zwischen dem, was *Manolaya*, und dem, was *Manonāsha* genannt wird. Der erstere Begriff steht für das zeitweilige Aussetzen der mentalen Aktivität und der letztere Begriff für die endgültige Auslöschung der mentalen Aktivität als Hindernis für die Selbst-Verwirklichung. Diese Unterscheidung ist für den erfahrungsorientierten Advaita wichtig, weil er auf dieser Basis zwischen seinem eigenen Verständnis von Samādhi und dem Samādhi unterscheidet, der aus der Übung des Yoga resultiert. Ramana Maharshi erklärt diesen Punkt folgendermaßen:

> Im Tiefschlaf ist das Gemüt untergetaucht und nicht vernichtet. Das, was untergetaucht ist, taucht wieder auf. Aber das Gemüt, das vernichtet ist, kann nicht wieder erscheinen. Es muss das Ziel des Yogis sein, es zu vernichten und nicht nur in *Laya* zu versinken.* Im Frieden der Meditation tritt Laya manchmal auf, aber das ist nicht genug. Es muss ergänzt werden durch an-

* *Laya*, wörtlich »Auflösung, Verschmelzen, Verschwinden«, ist Eingehen der Einzelseele in das Absolute, die »Vereinigung mit Gott« (Anm. d. Übers.).

> dere Praktiken zur Vernichtung des Gemüts. Manche Menschen sind mit völlig trivialen Gedanken in den yogischen Samādhi eingetreten und nach langer Zeit mit denselben Gedanken wieder daraus aufgetaucht. In der Zwischenzeit waren in der Welt bereits einige Generationen vorübergegangen. Solch ein Yogi hat sein Gemüt nicht vernichtet. Die wahre Vernichtung des Gemüts besteht darin, dass man es als nicht getrennt vom Selbst wahrnimmt.[125]

Auch hier ist die Metapher des Kleides von Nutzen. Solange die Idee der Heirat andauert, werden die Kleid-Gedanken auch weiterhin auftauchen, selbst wenn sie zwischendurch für eine Weile verschwinden. Ist die Idee der Heirat aber ein für allemal aufgegeben, dann werden die Kleid-Gedanken die Wahrnehmung des Kleides als solches nicht mehr stören. Wir sprechen oft vom Gemüt (engl.: *mind*). Es ist eine der Behauptungen des erfahrungsorientierten Advaita, dass unser Konzept des Gemüts einer gründlichen Untersuchung nicht standhält.

> Was ist das Gemüt? Die Antwort, die Bhagavan [Ramana Maharshi] uns gibt, ist, dass das Gemüt nicht mehr ist als (ein Bündel von) Gedanken. Untersucht man, was das Gemüt ist, und enthält sich aller Gedanken, dann wird man finden, dass es so etwas wie das Gemüt gar nicht gibt.[126]

Das Verbindungsglied zwischen dem »Ich« und dem »Ich-Gedanken« ist das Gemüt. Wenn behauptet wird, es gäbe kein Gemüt, so ist damit gemeint, dass es unabhängig von den Gedanken kein Gemüt gibt, genauso wie es keinen Fluss unabhängig von seinem Strömen gibt. Entsprechend gibt es auch keinen Kleid-Gedanken unabhängig von dem Bündel

von Gedanken, die sich aus dem Kleid erheben oder daraus hervor fließen. Und weiterhin: So wie man zu dem Kleid zurückgeführt wird, wenn man die Kleid-Gedanken unablässig untersucht, so stoßen wir wieder auf das wahre Ich, wenn wir ununterbrochen die Ich-Gedanken hinterfragen.
Auf einer anderen Ebene hilft uns die gesamte Metapher des Kleides und des Kleid-Gedankens genauer zu verstehen, auf welche Weise der feinstoffliche Körper nach Ansicht der Psychologie des Advaita Vedānta funktioniert. Die folgende Passage versteht sich in dieser Hinsicht von selbst:

> Es ist keineswegs so, dass das Gemüt nur in Träumen eine subtile Form annimmt. Dasselbe Phänomen tritt auch im Wachzustand ein, wenn wir unsere Phantasie wandern lassen, zum Beispiel in Tagträumen. Nehmen wir an, dass wir dasitzen und uns im Wachzustand vorstellen, dass wir in ein fernes Land reisen, dort einen Freund treffen, mit ihm sprechen oder all den Wechselfällen des Lebens unterliegen. Der mental projizierte Körper, in dem wir all diese Erfahrungen zu machen scheinen, ist auch unser feinstofflicher Körper. Wir wissen, dass diese feinstofflichen Körper, die wir dann und wann annehmen, flüchtiger Natur sind. Wenn wir aus einem Traum erwachen, dann ist der Traumkörper verschwunden. Auf die gleiche Weise stellt sich auch der Körper, den wir in Tagträumen annehmen, als unwirklich heraus. Das heißt: Diese Körper sind unwirkliche Formen, die kommen und uns wieder verlassen. Da wir auch in der Abwesenheit dieser Körper existieren, sind sie nicht WIR.[127]

Während wir die Kleid-Metapher immer weiter entwickelt haben, haben wir uns bisher auf das Entstehen des Kleid-Gedankens (und dann auch der Kleid-Gedanken) aus dem Kleid konzentriert, um zu illustrieren, wie der Ich-Gedanke (und dann auch die vielen Ich-Gedanken) aus dem wahren Ich hervorgehen können. Wenn wir die Perspektive etwas verschieben, können wir diese Metapher darüber hinaus aber auch auf unsere existenzielle Situation anwenden. Um zu sehen, wie das möglich ist, lassen Sie uns zu der jungen Dame zurückkehren, die sich vorstellt, dass sie das Kleid, das sie gerade gekauft hat, trägt, wenn sie mit ihrem Beau zu dem romantischen Abendessen ausgeht.

Stellen wir uns vor, wie sie sich diese Szene ausmalt, während sie in ihrem Sessel sitzt: In ihrem Tagtraum sitzt sie also in dem Kleid, das sie gekauft hat, neben ihrem Beau an einem Tisch in einem Restaurant. Bemerken Sie, dass sie nicht nur einen Kleid-Gedanken *trägt*, während sie sich in dem Restaurant sitzen sieht, sondern dass sie selbst, wie sie sich in dem Restaurant speisen sieht, nicht sie selbst ist, sondern nur ihr *Gedanke* von sich selbst. Denn sie selbst, wie sie wirklich ist, sitzt ja in ihrem Wohnzimmer. Es ist also der *sie*-Gedanke (und nicht sie selbst, wenn der *sie*-Gedanke auch von ihr ausgeht), der den Kleid-Gedanken trägt. Jetzt bemerken Sie, dass der Kleid-Gedanke ein *Objekt* und der *sie* Gedanke ein *Subjekt* ist und dass der *sie*-Gedanke zudem den Kleid-Gedanken trägt. Das heißt, das Subjekt und das Objekt interagieren, dies jedoch in einer Welt der *Gedanken*, so dass ihre Interaktion den gleichen Charakter besitzt. Der ontologische Status von all dem, auch wenn es sich nur um Ableitungen handelt, ist also derselbe! Auf diese Weise vermag der Advaita Vedānta einen empirischen Realismus mit einen transzendentalen Idealismus zu verbinden.

Um dasselbe nun etwas philosophischer zu formulieren: Es ist nun keine Überraschung mehr für uns, wenn wir hören, worin das zentrale Thema besteht, mit dem diese Schule des Denkens sich auseinander setzen muss. Es ist natürlich die Frage: Wie kann der Advaita Vedānta seine Behauptung einer metaphysischen nondualen Wirklichkeit mit der offensichtlichen Pluralität unserer empirischen Existenz vereinbaren? Das Folgende soll Ihnen eine Ahnung davon geben, wie man eine Versöhnung dieser beiden Sichtweisen formulieren könnte. Die Bandbreite unserer Erfahrungen in der empirischen Welt ist Schwindel erregend vielfältig, aber ein wenig Nachdenken lässt uns erkennen, dass sich all das in einem der drei Zustände des Bewusstseins abspielt: während wir wach sind, während wir träumen und während wir uns im Tiefschlaf befinden. Wenn wir von unserer empirischen Welt sprechen, so geben uns diese drei Zustände einen nützlichen Bezugsrahmen, denn all die verschiedenen Erfahrungen, die wir in dieser Welt machen, lassen sich in eine dieser drei Kategorien von Bewusstseinszuständen einordnen. Im Wachzustand sind die physischen Dinge also (auf der empirischen Ebene) wirklich. Man kann ihn deshalb als *Sat*, »Sein« oder »Realität«, bezeichnen. Im Vergleich dazu sind Objekte oder Personen, die wir in einem Traum antreffen, bloß mentaler Natur und können deshalb als *Chit* beschrieben werden, also als durch immaterielles »Bewusstsein« charakterisiert. Schließlich wird die Erfahrung des Tiefschlafs universell als ruhevoll, selig und glücklich beschrieben, weshalb wir diesen Bewusstseinszustand als *Ānanda* oder »Glückseligkeit« qualifizieren können. Die empirische Wirklichkeit, die wir erfahren, lässt sich deshalb wie folgt beschreiben:

Wachen	Sat
Träumen	Chit
Tiefschlaf	Ānanda

Der Leser wird sich jedoch daran erinnern, dass die letzte Wirklichkeit auf der transzendentalen Ebene im ersten Teil dieses Buches ebenfalls als *Satchidānanda Brahman* bezeichnet wurde, wobei Brahman als die letzte Wirklichkeit bezeichnet wurde, in Hinsicht auf die die Wörter *Sat* (Sein), *Chit* (Bewusstsein) und *Ānanda* als Hilfsmittel der Orientierung angewendet werden.

Die Frage, mit der wir es hier zu tun haben, lässt sich also folgendermaßen neu formulieren: Was ist die Beziehung der letzten Wirklichkeit als Sat, Chit und Ānanda zu unserer Erfahrung der empirischen Welt, die sich ebenso beschreiben lässt.

<table>
<tr><td colspan="3">Sat Chit Ānanda Brahman</td></tr>
<tr><td>Sat</td><td>Wachen</td><td rowspan="3">Welt</td></tr>
<tr><td>Chit</td><td>Träumen</td></tr>
<tr><td>Ānanda</td><td>Tiefschlaf</td></tr>
</table>

Wie könnte also mit anderen Worten die horizontale Linie vertikal werden? Genauso, wie ein gerader Stab gebogen erscheint, wenn er zum Teil in einen Bottich mit Wasser getaucht wird – sagt der Advaita Vedānta. Damit soll gesagt werden, dass es in der Natur der empirischen Wirklichkeit etwas gibt, das die letzte Wirklichkeit augenscheinlich verzerrt, wenn diese in Bezugnahme auf die empirische Wirklichkeit gesehen wird. Das Wort, das im Advaita Vedānta benutzt wird, um dieses *Etwas* zu bezeichnen, ist *Māyā* oder *Avidyā**.

Doch wenn man Erleuchtung erreicht, dann werden die Dinge wieder geradegerichtet. Eine Weise, in Richtung einer solchen Erleuchtung oder Verwirklichung zu gehen, besteht darin, die Frage zu stellen: Wenn ich durch die Erfahrungen des Wachens, des Träumens und des Tiefschlafs

* Wörtlich: »Nicht-Wissen« oder »Nicht-Erkenntnis« (Anm. d. Übers.).

hindurchgehe, die als Bewusstseinszustände so radikal verschieden voneinander sind, wie behalte ich dann mein Gefühl der Identität, obwohl ich doch die verschiedenen Bewusstseinszustände erfahre sowie die diversen Erfahrungen mache, die in den Zuständen von Wachen, Träumen und Tiefschlaf auftreten? Es muss irgendein *sich nicht veränderndes* Bewusstsein in mir geben, welches meinem Bewusstsein des *Wandels* und diesen Bewusstseinszuständen sowie den Veränderungen in ihnen zugrunde liegt. Dieses unwandelbare Bewusstsein wird im Advaita Vedānta Ātman genannt; es stellt den sich nicht verändernden Kern unseres Daseins dar.

Nach der Lehre des Advaita Vedānta ist dieser Ātman identisch mit dem Brahman. Sie sind »nicht zwei«. Es ist dieses Verständnis der Nondualität – nämlich dass der Ātman und der Brahman nicht zwei verschiedene Dinge sind, sondern identisch und eins –, welches von der Erfahrung her die am meisten Widerhall findende Dimension der nondualen Lehre des Advaita darstellt. Dies ist die Wahrheit, aber irgendwie ist sie verzerrt worden, und es ist das Ziel des Advaita Vedānta, uns zu helfen, sie wieder geradezurücken.

VI

Bei der Analyse des erfahrungsorientierten Ansatzes haben wir uns bisher ganz an die Erfahrung gewöhnlicher Menschenwesen gehalten. Es ist aber vielleicht nicht fehl am Platze, wenn wir jetzt zumindest auch einmal auf die Erfahrungen einer besonderen Art von Menschen Bezug nehmen, die für den Advaita Vedānta von großer Bedeutung sind.

Uns liegen einige Berichte über mystische Erfahrungen im Einklang mit dem Advaita vor, die aus Darstellungen des Lebens von Mystikern des zwanzigsten Jahrhunderts stammen und die für unsere Diskussion wichtig sind. Es dürfte besser sein, diese Berichte wiederzugeben, statt sie zu erklären.

Der erste stammt aus einer Darstellung des Lebens von Swāmi Vivekānanda (1863–1902), der Narendra Nath Dutt hieß, kurz Naren genannt, bevor er ein Mönch wurde. Er nahm schließlich Shrī Rāmakrishna Paramahamsa (1836–1886) als seinen Meister an. Die Relevanz des folgenden Berichtes über einen spirituellen Vorfall zwischen den beiden wird Schülern des Advaita Vedānta nicht entgehen:

> So erzählte der Meister Narendranath eines Tages viele Dinge, die ihn entsprechend der nondualen Philosophie auf die Einheit von Jīva und Brahman hinwiesen. Er hörte diesen Worten zweifellos aufmerksam zu, aber er konnte sie nicht verstehen und ging, nachdem der Meister seine Darlegung beendet hatte, zu Hazra. Rauchend und diese Dinge noch einmal mit Hazra diskutierend sagte er: »Wie kann es denn möglich sein, dass der Wasserkrug Gott ist, der Becher Gott ist und wir alle und alles, was wir sehen, Gott sind.« Shrī Hazra pflichtete Narendra bei, und die beiden fuhren fort, sich über diese Idee lustig zu machen, und brachen in Lachen aus. Der Meister hatte sich bis dahin noch in einem teilweise entrückten Bewusstseinszustand befunden. Als er Narendra lachen hörte, kam er aus seinem Raum wie ein Schuljunge …, ging lächelnd auf die beiden zu und sagte liebevoll: »Wovon sprecht ihr beiden denn gerade?« Dann berührte er Narendra und ging in den Samādhi ein.
>
> Narendra erzählte uns hinterher: »In meinem Bewusstseinszustand vollzog sich im Augenblick der wundervollen Berührung durch den Meister eine totale Umwälzung. Ich war völlig perplex zu sehen, dass es im ganzen Universum tatsächlich nichts anderes gibt als Gott. Aber obwohl ich das sah, hielt ich still und fragte

mich, wie lange dieser Zustand wohl anhalten würde. Aber diese Trunkenheit ließ den ganzen Tag lang nicht nach. Ich ging nach Hause; dort war es dasselbe. Alles, was ich sah, so schien es mir, war Er. Ich saß vor meinem Essen und sah, dass das ganze Essen, der Teller, derjenige, der mir servierte, und ich selbst nichts anderes waren als Er. Ich nahm einen Bissen oder zwei und saß wieder still da. Die liebevollen Worte meiner Mutter: »Warum sitzt du denn so reglos da? Warum isst du nicht?«, brachten mich zu Bewusstsein und ich begann wieder zu essen. So hatte ich diese Erfahrung, während ich aß oder trank, saß oder lag, zur Schule ging oder einen Spaziergang machte. Ich war die ganze Zeit von einer Art unbeschreiblicher Trunkenheit überwältigt. Wenn ich die Straße entlangging und einen Wagen auf mich zukommen sah, hatte ich nicht wie zu anderen Zeiten den Impuls, ihm aus dem Weg zu gehen, so dass er nicht mit mir zusammenstieße. Denn ich dachte: »Ich bin auch das und nichts als das.«

Meine Hände und Füße blieben während all dessen gefühllos. Ich verspürte keinerlei Befriedigung, wenn ich etwas aß. Es schien mir, als äße jemand anderer das Mahl … Als diese überwältigende Trunkenheit schließlich ein wenig nachließ, erschien mir die Welt wie ein Traum. Als ich einmal am Ufer des Hedua-Teichs spazieren ging, schlug ich mit dem Kopf gegen das Eisengeländer, das ihn umrandete, um zu sehen, ob das, was ich sah, ein Traumgeländer war oder nicht. Aufgrund der Unempfindlichkeit meiner Hände und Füße machte ich mir Sorgen, ob dies vielleicht Zeichen einer beginnenden Lähmung waren. Ich konnte für eine ganze Weile dieser schrecklich trunkenen Stimmung und diesem überwältigenden Zustand nicht entfliehen. Als ich zum Normalzustand zurückkehrte,

> dachte ich, dies sei wohl ein Anzeichen nondualen Wissens. Was also in den *Shāstras* darüber geschrieben steht, ist keineswegs unwahr. Seit jener Zeit konnte ich nie wieder an der Wahrheit der Nondualität zweifeln.«[128]

Der zweite Bericht handelt von der Erfahrung von Ramana Maharshi (1879–1950), der als einer der größten Advaitin unseres Zeitalters gilt. Im Jahre 1896 machte er die folgende kostbare Erfahrung:

> Es war etwa sechs Wochen, ehe ich Madura verließ, um nicht zurückzukehren, dass der große Wandel in meinem Leben eintrat. Das geschah ganz plötzlich. Eines Tages saß ich allein in einem Raum des ersten Stocks im Hause meines Oheims. Ich fühlte mich frisch und wohl wie gewöhnlich. Ich muss überhaupt bemerken, dass ich nur selten krank war. Mein Schlaf war tief. 1891, als ich in Dindigul zur Schule ging, sammelten sich eine Menge Menschen nahe bei dem Hause, in dem ich schlief, und wollten mich mit ihrem Geschrei aufwecken; sie schrieen und klopften an die Tür – umsonst. Sie mussten hereinbrechen und mich heftig schütteln, um mich aus meiner Starre aufzuwecken. Dieser tiefe Schlaf spricht eher fur meine gute Gesundheit. Ich hatte auch Anfälle von Dämmerzuständen im Halbschlaf bei Nacht. Arglistige Spielkameraden, die sich hüteten, mich untertags zu necken, wenn ich wach war, stahlen sich nachts zu mir, wenn ich schlief, weckten mich, schleppten mich rings um den Spielplatz der Schule, schlugen mich, pufften mich, trieben ihren Mutwillen mit mir und brachten mich wieder in mein Bett zurück – und die ganze Nacht über ließ ich sie mit einer Sanftheit, Demut und

Nachsicht gewähren, die mir ganz fern lagen, wenn ich wach war. Aber diese Anfälle machten mich nicht schwach oder lebensunfähiger und konnten nicht als Leiden gelten.

Eines Tages also saß ich allein und fühlte mich keineswegs schlecht – da packte mich jäh und unzweideutig der Schrecken des Todes. Ich fühlte, ich müsse sterben. Warum ich das fühlte, lässt sich durch nichts, was ich in meinem Körper empfand, erklären. Ich konnte es mir auch nicht erklären. Aber ich bemühte mich auch gar nicht herauszufinden, ob meine Todesangst begründet sei. Ich fühlte einfach: »Ich muss jetzt sterben« und überlegte sofort, was ich tun solle. Ich dachte nicht daran, einen Arzt oder Verwandte oder gar Fremde zu fragen. Ich fühlte: Diese Frage muss ich selber lösen, hier und jetzt, auf der Stelle.

Dieser Schreck der Todesangst wandte mich nach innen. Ich sagte innerlich zu mir selbst, ohne einen Laut zu sprechen: »Jetzt ist der Tod da. Was hat das zu bedeuten? Was ist das: Sterben? Mein Leib hier stirbt.« Sogleich fing ich an, meine Sterbeszene zu spielen. Ich streckte meine Glieder lang und hielt sie steif, als wäre die Todesstarre eingetreten. Ich ahmte einen Leichnam nach, um meinem weiteren Forschen den äußeren Schein der Wirklichkeit zu leihen, hielt den Atem an, schloss den Mund und hielt die Lippen fest aufeinander gepresst, dass mir kein Laut entfahren konnte. Lass nicht das Wort »Ich« oder irgendeinen Laut dir entschlüpfen! – »Gut«, sprach ich dann zu mir selber, »dieser Leib ist tot. Starr wie er ist, werden sie ihn zur Leichenstätte tragen; dort wird er verbrannt und wird zu Asche. Aber wenn er tot ist – bin dann ›Ich‹ tot? Ist der Leib ›Ich‹? – Dieser Leib ist stumm und dumpf. Aber ich fühle alle Kraft meines

Wesens, sogar die Stimme, den Laut ›Ich‹ in mir – ganz losgelöst vom Leibe. Also bin ich ein ›Geistiges‹, ein Ding, das über den Leib hinausreicht. Der stoffliche Leib stirbt, aber das Geistige, über ihn hinaus, kann der Tod nicht anrühren. Ich bin also ein todloses ›Geistiges‹.«

All das aber war nicht bloß ein Vorgang in meinem Denken, es stürzte als lebendige Wahrheit in Blitzen auf mich ein: Ich ward es unmittelbar gewahr, ohne Überlegen oder Folgern. »Ich« war ein höchstes Wirkliches, das einzige Wirkliche in diesem Zustande, und alles bewusste Geschehen, das an meinem Leibe hing, war darauf versammelt. Dieses »Ich« oder mein »Selbst« blieb von diesem Augenblick an mit allmächtiger Anziehungskraft im Brennpunkt meiner wachen Aufmerksamkeit. Die Furcht vor dem Tode war ein für allemal vergangen. Dieses Verschlungensein ins »Selbst« hat von jener Stunde an bis heute nicht aufgehört. Andere Vorstellungen und Gedanken mögen kommen und gehen wie viele Töne einer Musik, aber dieses Ich dröhnt als Grundbass fort, der sie alle begleitet und sich mit ihnen verbindet. Ob mein Körper mit Sprechen, Lesen oder sonst etwas befasst war, immer blieb ich auf dieses »Ich« versammelt.

Vor dieser Erfahrung hatte ich keine klare Erfahrung von meinem Selbst, ich war nicht bewusst darauf gerichtet. Ich empfand kein unmittelbares merkliches Interesse daran, geschweige denn eine dauernde Verfassung, darin zu verweilen. Die Folgen meiner neuen Einstellung wurden bald an meiner veränderten Lebensweise sichtbar.[129]

Paul Brunton gibt uns den folgenden kurz zusammengefassten Bericht:

> Maharshi erzählte uns einmal, wie er zur Verwirklichung gelangte. An dem Tag, an dem sein Vater starb, stellte er sich Fragen über den Tod und begann darüber nachzudenken, während seiner Mutter und seine Brüder weinten. Er dachte viele Stunden lang nach, und nachdem der Leichnam verbrannt worden war, kam er durch Analyse zu dem Punkt, an dem er gewahr wurde, dass es das »Ich« ist, welches den Körper sehen, laufen, gehen und essen lässt. »Ich kenne dieses ›Ich‹, aber das ›Ich‹ meines Vaters hat den Körper verlassen‹.«[130]

Die dritte Passage, die ich zu diesem Thema zitieren möchte, stammt aus einem Vortrag von Jiddu Krishnamurti (1895–1986). Ob man Krishnamurti in den Pantheon des Advaita aufnehmen darf, ist umstritten, deshalb sind vielleicht einige Worte der Erklärung dafür nötig, dass ich dieses Zitat hier aufgenommen habe. Eine der wesentlichen Lehren des Advaita Vedānta, wie er in den Schriften dargelegt wird, ist die Behauptung, dass die Verwirklichung nicht durch Handeln (*Karma*) sondern durch *Jñāna* (Einsicht) erreicht wird: Das, was das Handeln transzendiert, kann nicht durch eine Tätigkeit erlangt werden. Die folgenden Ausführungen von Krishnamurti sind in dieser Hinsicht vielleicht erhellend:

> Bei den meisten von uns ist ihr gesamtes Leben auf Anstrengung gegründet, auf irgendeine Art von Willenstätigkeit. Und wir können uns keine Tätigkeit vorstellen, die nicht darauf basiert. Unser soziales, wirtschaftliches und unser so genanntes spirituelles Leben ist eine Serie von Anstrengungen, die immer in irgendeinem Ergebnis gipfeln. Wir glauben, Anstrengung sei wesentlich. Wir wollen jetzt also herausfin-

den, ob es möglich ist, anders zu leben, ohne diesen unablässigen Kampf.
Warum strengen wir uns an? Einfach gesagt geht es uns darum, ein Ergebnis zu erzielen, etwas zu werden, ein Ziel zu erreichen. Ist es nicht so? Wir glauben, wir würden stagnieren, wenn wir uns nicht bemühen. Wir haben eine Vorstellung von dem Ziel, nach dem wir ständig streben, und dieses Streben ist zu einem Teil unseres Lebens geworden. Wenn wir uns verändern wollen, wenn wir einen radikalen Wandel in uns selbst herbeiführen wollen, dann unternehmen wir riesige Anstrengungen, um alte Gewohnheiten auszuräumen, den gewohnheitsmäßigen Einflüssen aus unserer Umwelt zu widerstehen und so weiter. So sind wir also an diese Reihe von Anstrengungen, mit denen wir etwas erreichen wollen, um überhaupt leben zu können, gewöhnt.
Ist aber nicht jegliche solche Anstrengung eine Tätigkeit des Ichs? Ist Anstrengung etwa keine um das Ich kreisende Tätigkeit? Und wenn wir aus dem Zentrum des Ichs heraus eine Anstrengung machen, muss das unvermeidlich mehr Konflikte, mehr Verwirrung und mehr Elend erzeugen. Dennoch fahren wir fort, eine Anstrengung nach der anderen zu unternehmen, und nur sehr wenige von uns erkennen, dass die ego-zentrische Tätigkeit des Sich-Bemühens keines unserer Probleme löst. Im Gegenteil: Sie lässt unsere Verwirrung und unser Elend und unsere Sorgen nur noch anwachsen. Vielleicht wissen wir dies sogar und hoffen trotzdem weiterhin darauf, diese ego-zentrische Aktivität, die Tätigkeit des Willens, durchbrechen zu können.
Dies ist unser Problem: Ist es möglich, irgendetwas ohne Anstrengung zu verstehen? Ist es möglich zu sehen, was wirklich ist, was wahr ist, ohne die Tätigkeit

des Willens ins Spiel zu bringen, die im Wesentlichen auf dem Ich, auf dem Ego basiert? Und wenn wir keine Anstrengung machen, besteht dann nicht die Gefahr dass wir abbauen, dass wir einschlafen, dass wir stagnieren? Vielleicht können wir, während ich hier spreche, jeder für sich hiermit experimentieren und sehen, wie weit wir dieser Frage nachzugehen vermögen. Denn ich habe das Gefühl, dass das, was uns Glück, Stille und Geistesfrieden bringt, nicht durch irgendeine Bemühung zustande kommt. Eine Wahrheit wird nicht durch irgendein Wollen, durch irgendeinen Akt des Willens wahrgenommen. Und wenn wir uns dieser Sache sehr behutsam und sehr sorgfältig widmen, werden wir vielleicht die Antwort finden.

Wie reagieren wir, wenn uns eine Wahrheit präsentiert wird? Nehmen Sie zum Beispiel das Problem der Angst. Wir sind uns darüber im Klaren, dass unser Handeln und unser Dasein und unsere gesamte Existenz grundlegend verändert würden, wenn es keinerlei Angst in uns gäbe. Es kann sein, dass wir das sehen, dass wir die Wahrheit hiervon sehen, und dadurch tritt dort Freiheit von der Angst ein. Doch was ist die augenblickliche Reaktion bei den meisten von uns, wenn uns eine Tatsache, eine Wahrheit präsentiert wird? Bitte experimentieren Sie mit dem, was ich sage; bitte hören Sie nicht bloß zu. Beobachten Sie Ihre Reaktionen und finden Sie heraus, was geschieht, wenn eine Wahrheit, eine Tatsache offen vor Ihnen liegt – wie etwa: »Jede Abhängigkeit in einer Beziehung zerstört die Beziehung.« Wenn also eine Aussage dieser Art gemacht wird, was ist Ihre Reaktion? Sehen Sie deren Wahrheit, sind Sie deren Wahrheit gewahr und hört die Abhängigkeit damit auf? Oder haben Sie eine Idee über die Tatsache? Hier wird eine Wahrheit ausge-

sprochen. Erfahren wir deren Wahrheit, oder machen wir uns darüber Gedanken?
Wenn wir diesen Prozess der Erzeugung von Gedanken verstehen, dann können wir vielleicht den gesamten Prozess der Bemühung verstehen. Denn wenn wir erst einmal die Idee erzeugt haben, dann tritt die Anstrengung ins Sein. Dann entsteht das Problem, was wir tun, wie wir handeln sollen. Das heißt, wir sehen, dass psychische Abhängigkeit von jemand anderem eine Form der Ich-Befriedigung ist. Es ist keine Liebe. Darin gibt es Konflikt, Angst, den Wunsch, selber durch einen anderen Erfüllung zu finden, Eifersucht und so weiter, die zersetzend wirken. Wir sehen, dass psychische Abhängigkeit von jemand anderem all diese Tatsachen enthält. Dann machen wir weiter, indem wir die Idee erzeugen, nicht wahr? Wir erfahren nicht direkt die Tatsache, deren Wahrheit, sondern wir betrachten die Sache, und dann erzeugen wir eine Idee davon, wie wir von Abhängigkeit frei sein könnten. Wir sehen die Implikationen psychischer Abhängigkeit und dann machen wir uns Gedanken darüber, wie wir davon frei sein können. Wir erfahren die Wahrheit, die der befreiende Faktor ist, nicht direkt. Wir erzeugen vielmehr aus der Erfahrung der Betrachtung der Tatsache heraus eine Idee. Wir sind unfähig, sie direkt anzusehen, ohne uns Gedanken zu machen. Und dann, wenn wir erst einmal die Idee erzeugt haben, gehen wir dazu über, diese Idee in die Tat umzusetzen. Dann versuchen wir, den Graben zwischen Idee und Handlung zu überbrücken – was mit Anstrengung zu tun hat.
Können wir denn nicht die Wahrheit ansehen, ohne uns Gedanken zu machen? Das läuft bei den meisten von uns geradezu instinktiv ab: Wenn wir eine Wahr-

heit vor Augen haben, erzeugen wir sofort eine Idee darüber. Und ich denke, wenn wir verstehen können, warum wir dies so instinktiv tun, beinahe unbewusst, dann verstehen wir vielleicht, ob es möglich ist, frei von Anstrengung zu sein.

Warum also erzeugen wir Ideen über die Wahrheit? Es ist doch gewiss wichtig, das herauszufinden, nicht wahr? Entweder wir sehen die Wahrheit nackt, so wie sie ist, oder wir sehen sie nicht. Aber warum haben wir ein Bild davon, ein Symbol, ein Wort, eine Vorstellung, was einen Aufschub nötig macht, die Hoffnung auf ein später eintretendes Resultat? Können wir also zögernd und vorsichtig diesen Prozess untersuchen, warum das Gemüt (*mind*) das Bild, die Idee erzeugt – dass ich dieses oder jenes sein muss, dass ich frei von Abhängigkeit sein muss und so weiter. Wir wissen sehr wohl, dass es dann Freiheit von einer Sache gibt, wenn wir sie sehr klar sehen, wenn wir sie direkt erfahren. Es ist diese Unmittelbarkeit, die lebenswichtig ist, nicht das Bild oder das Symbol der Wahrheit – auf die alle Systeme und Philosophien und zersetzenden Organisationen gegründet sind. Ist es also nicht wichtig herauszufinden, warum das Gemüt, statt die Dinge schlicht und direkt zu sehen und ihre Wahrheit unmittelbar zu erfahren, eine Idee davon erzeugt?

Ich weiß nicht, ob Sie darüber bereits nachgedacht haben. Vielleicht ist das für Sie ja etwas Neues. Und damit Sie die Wahrheit hiervon herausfinden können, nehmen Sie bitte nicht einfach eine Abwehrhaltung ein. Sagen Sie nicht: »Was würde geschehen, wenn das Gemüt keine Idee erzeugen würde? Seine Funktion besteht doch darin, Ideen zu erzeugen, zu verbalisieren, Erinnerungen aufzurufen, zu erkennen, zu berechnen.« Wir wissen das. Aber das Gemüt ist nicht

frei. Freiheit kann es nur geben, wenn das Gemüt in der Lage ist, die Wahrheit total, vollständig, ohne jegliche Barriere anzusehen.
Unser Problem ist also: Warum schwelgt das Gemüt in all diesen Ideen, statt die Sache unmittelbar anzusehen und sie direkt zu erfahren? Ist dies nicht eine der Gewohnheiten des Gemüts? Irgendetwas wird uns präsentiert, und sofort macht sich die alte Gewohnheit bemerkbar, dass wir uns Gedanken darüber machen und Theorien darüber aufstellen. Das Gemüt liebt es, in Gewohnheiten zu leben, denn ohne Gewohnheiten ist das Gemüt verloren. Wenn es keine Routine gibt – eine gewohnheitsmäßige Reaktion, mit der es bereits vertraut ist –, dann fühlt es sich verwirrt, unsicher.
Das ist ein Aspekt. Ist es nicht zudem das Gemüt, das auf ein Resultat aus ist? Denn ein Resultat bedeutet Dauer. Und das Gemüt hasst es, unsicher zu sein. Es sucht ständig nach Sicherheit in den unterschiedlichsten Formen – durch religiösen Glauben, durch Wissen, durch Erfahrung. Und wenn das in Frage gestellt wird, gibt es Aufruhr, Angst. So macht also das Gemüt, das Unsicherheit vermeiden und Sicherheit für sich selbst finden will, Anstrengungen, um ein Resultat zu erzielen.
Ich hoffe, Sie sind jetzt dabei, Ihr Gemüt in Aktion zu beobachten. Tun Sie es nicht, dann werden Sie keine Erfahrung haben, Ihr Gemüt wird auf der verbalen Ebene bleiben. Aber – wenn ich Ihnen das vorschlagen darf – wenn Sie Ihr eigenes Gemüt in Aktion beobachten können, wenn Sie betrachten, wie es denkt, wie es reagiert, wenn es eine Wahrheit vor Augen hat, dann werden Sie Schritt für Schritt erfahren, wovon ich hier spreche. Dann kommt es zu einer außerordentlichen Erfahrung. Und es ist diese direkte Annäherungs-

weise, diese direkte Erfahrung dessen, was die Wahrheit ist, was für das Herbeiführen eines kreativen Lebens so wichtig ist.

Warum erzeugt das Gemüt also all diese Ideen, statt direkte Erfahrung zu machen? Warum mischt das Gemüt sich ein? Es ist, wie wir gesagt haben, eine Gewohnheit. Wir wollen alle ein Ergebnis erzielen. Wenn Sie mir zuhören, hoffen Sie dann auf ein Ergebnis? Das tun Sie, nicht wahr? Das Gemüt hofft auf ein Ergebnis; es sieht, dass Abhängigkeit destruktiv ist, und will deshalb davon frei sein. Aber gerade der Wunsch, frei zu sein, erzeugt die Idee. Das Gemüt ist nicht frei; aber der Wunsch, frei zu sein, erzeugt die Idee der Freiheit als ein Ziel, auf das es hinarbeiten muss. Und so kommt Bemühung zustande. Und diese Bemühung ist Ego-zentrisch, sie bringt keine Freiheit. Statt von einer Person abhängig zu sein, sind Sie nun von einer Idee oder einem Bild abhängig. Ihre Bemühung schließt Sie also nur in sich selbst ein, sie befreit Sie nicht.

Kann das Gemüt nun also, wenn es erkennt, dass es in einer Gewohnheit gefangen ist, frei von Gewohnheit sein? Kann es ohne die Idee bleiben, es müsse Freiheit als ein Endergebnis erzielen, aber kann es die Wahrheit, dass das Gemüt in einer Gewohnheit gefangen ist, sehen und sie unmittelbar erfahren? Und kann das Gemüt gleichermaßen sehen, dass es unablässig nach Dauerhaftigkeit für sich selbst strebt, nach einem Ziel, das es erreichen muss, nach einem Gott, einer Wahrheit, einer Tugend, einem Seinszustand oder was auch immer, und dass es damit diese Willenstätigkeit mit all ihren Komplikationen herbeiführt? Und wenn wir das sehen, ist es dann nicht möglich die Wahrheit von etwas *unmittelbar* zu erfahren, ohne all das Drum und

Dran der Verbalisierung? Sie können eine Tatsache objektiv sehen, ohne dass Gedanken entstehen, ohne die Erzeugung von Idee, Symbol oder Wunsch. Aber subjektiv, innerlich, ist das ganz anders. Denn wenn wir uns ein Resultat wünschen, ist das Verlangen vorhanden, etwas zu sein, zu erlangen, zu werden – und daraus wird alle Anstrengung geboren.

Von Moment zu Moment zu sehen, was wahr ist, ohne jede Bemühung, sondern es direkt zu erfahren, scheint mir das einzig kreative Dasein zu sein. Es kommt nämlich nur in Momenten der vollkommenen Stille dazu, dass Sie etwas entdecken – nicht wenn Sie sich anstrengen, sei es nun unter dem Mikroskop oder innerlich. Nur wenn das Gemüt nicht aufgerührt ist, nicht in Gewohnheit gefangen ist, wenn es nicht versucht, ein Ergebnis zu erzielen, etwas zu werden – nur wenn es all diese Dinge nicht tut, wenn es wirklich still ist, wenn es keine Anstrengung, keine Bewegung gibt – dann gibt es die Möglichkeit, dass wir etwas Neues entdecken.

Gewiss ist das die Freiheit vom Ich – das ist die Abdankung des Ego und nicht mehr nur die äußeren Symbole, ob Sie nun diese oder jene Tugend besitzen oder nicht. Freiheit tritt nur dann ein, wenn Sie Ihre eigenen Prozesse verstehen, die bewussten wie die unbewussten. Das ist nur dann möglich, wenn Sie sich ganz und gar in die verschiedenen Prozesse des Gemüts hineinbegeben. Und da die meisten von uns in einem Zustand der Anspannung leben, in unablässiger Bemühung, ist es wesentlich, dass wir die Komplexität der Bemühung verstehen, dass wir die Wahrheit sehen, dass Anstrengung keine Tugend bringt, dass Bemühung nicht Liebe ist, dass Anstrengung nicht die Freiheit herbeiführt, die uns allein die Wahrheit – die direkte Erfahrung ist – schenken kann. Dazu müssen wir das Gemüt verstehen, unser eigenes Gemüt, nicht das Gemüt von jemand anderem oder das, was jemand anderer darüber sagt. Sie können sämtliche Bücher lesen, die jemals geschrieben wurden, aber diese werden völlig nutzlos sein, denn Sie müssen Ihr eigenes Gemüt betrachten und immer tiefer in es eindringen und Sie müssen die Sache in diesem Prozess unmittelbar erfahren. Denn *dort* findet sich die Lebensqualität, nicht in den Dingen des Gemüts. Und damit das Gemüt seine eigenen Prozesse finden kann, darf es nicht in seine eigenen Gewohnheiten eingeschlossen sein, sondern muss gelegentlich frei sein zu schauen. Deshalb ist es so wichtig, diesen ganzen Prozess der Bemühung zu verstehen. Denn Anstrengung führt nicht zur Freiheit. Anstrengung führt nur dazu, dass Sie sich immer mehr in sich selbst einschließen, sie wird einfach immer destruktiver, äußerlich wie innerlich, in Beziehung zu einem oder zu vielen.[131]

Schlusswort

Von einem in Indien sehr populären Vers heißt es, dass er die Lehren der Schule des Advaita Vedānta in wenigen Worten zusammenfasse:

> Brahman ist wirklich, die Welt ist eine illusorische Erscheinung und die individuelle Seele (*Jīva*) ist [in ihrer wahren Natur] Brahman allein, nichts anderes.[132]

Oder um die Angelegenheit etwas formeller zu formulieren:

> Die Nondualität des Brahman, die Unwirklichkeit der Welt und die Ununterschiedenheit der Seele [Ātman] von Brahman – dies ist der Inhalt der Lehre des Advaita.[133]

Der Leser wird bemerkt haben, dass wir uns am Ende immer wieder mit derselben pädagogischen Struktur konfrontiert sehen, die dieser Aussage auf bereits vertraute Weise entspricht, ob wir uns dem Advaita Vedānta nun über die Schriften, über die Ratio oder über die Erfahrung nähern.
Wenn wir der von den Schriften ausgehenden Annäherungsweise folgen, beginnen wir mit Brahman und Ātman und müssen uns mit der Frage ihrer Identität angesichts der augenscheinlichen Pluralität, die unser Leben charakterisiert, auseinander setzen. Wenn wir den rationalen Ansatz wählen, dann beginnen wir mit der Welt – oder einem Objekt der Welt – und sehen uns mit unbestimmter Existenz konfrontiert. Wählen wir den erfahrungsorientierten Ansatz, dann beginnen wir mit uns selbst, nur um herauszufinden, dass unserem Ich eine Auflösung in der Erfahrung droht. In allen

drei Fällen finden wir uns auf einer Schnittstelle zwischen Wirklichkeit und Unwirklichkeit wieder, jedoch einer Unwirklichkeit, die nicht von der Wirklichkeit zu trennen ist, und umgekehrt.

Das Ziel dieses Buches war es nicht so sehr, die technischen Details des Systems der Philosophie des Advaita Vedānta zu vermitteln, worüber es bereits viele Bücher gibt, sondern seinen Geist, denn dieser Geist ist ebenso gut eine Spiritualität wie eine Philosophie. Zu beurteilen, ob mir das gelungen ist, bleibt dem Leser überlassen.

Literatur

Basham, A. L., *The Wonder That Was India*, New Delhi (Rupa & Co.) 1999 [1954].

Brunton, Paul, *Conscious Immortality*, Tiruvannamalai (Sri Ramanasramam) 1984.

Chatterjee, Satischandra, und Dhirendramohan Datta, *An Introduction to Indian Philosophy*, Calcutta (University of Calcutta) 1950.

De Bary, Wm. Theodore, Hrsg., *Sources of Chinese Tradition*, zweite Ausgabe, New York (Columbia University Press) 1960.

Die Weisheit der Upanischaden. *Klassiker indischer Spiritualität*, übersetzt und herausgegeben von Hans-Georg Türstig, Frankfurt am Main (Fischer Taschenbuch, Reihe »Spirit«) 1996.

Edgerton, Franklin, »Studies in Veda«, *Journal of the American Oriental Society*, 35:242, 1915.

Embree, Ainslie T., Hrsg., *Sources of Indian Tradition*, zweite Ausgabe, New York (Columbia University Press) 1988.

Fort, Andrew O., *Jīvanmukti in Transformation: Embodied Liberation in Advaita and Neo-Vedānta*, Albany, New York (State University of New York Press) 1998.

Frydman, Maurice, Übers., *I Am That: Conversations with Sri Nisargadatta Maharaj*, 1. Teil, Bombay (Chetana) 1973.

Godman, David, Hrsg., *The Teachings of Sri Ramana Maharshi*, New York (Arkana) 1985; dt. Ausgabe: Ramana Maharshi, *Sei, was du bist! Ramana Maharshis Unterweisung über das Wesen der Wirklichkeit und den Pfad der Selbstergründung*, herausgegeben von David Godman, Bern u. a. (O. W. Barth) 1990.

Halbfass, Wilhelm, *India and Europe: An Essay in Understanding*, Albany, New York (State University of New York Press) 1988; dt. Originalausgabe: *Indien und Europa. Perspektiven ihrer geistigen Begegnung*, Basel (Schwabe) 1981.

Hiriyanna, M., *Indian Philosophical Studies*, Mysore (Kavyalaya Publishers) 1957.

–, *The Essentials of Indian Philosophy*, London (George Allen & Unwin) 1949; dt. Ausgabe: *Vom Wesen der indischen Philosophie*, München (Diederichs) 1990.

–, *Outlines of Indian Philosophy*, London (George Allen & Unwin) 1932.

Hopkins, Thomas J., *The Hindu Religious Tradition*, Encino und Belmont, California (Dickenson Publishing Company) 1971.

Hume, Robert Ernest, *The Thirteen Principal Upanishads*, London (Oxford University Press) 1968.

Hutchinson, John A., *Paths of Faith*, New York (McGraw-Hill Book Company) 1969.

Indich, William M., *Consciousness in Advaita Vedānta*, Delhi (Motilal Banarsidass) 1980.

Krishnamurti, Jiddu, *On Truth*, San Francisco (HarperSanFrancisco) 1995.

Mahadevan, T.M.P., Übers., *Who Am I?*, Tiruvannamalai (Sri Ramanasramam) 1976.

–, *Outlines of Hinduism*, Bombay (Chetana Limited) 1971 [1956].

–, *Talks With Sri Ramana Maharshi*, Tiruvannamalai (Sri Ramanasramam) 1984.

Mudaliar, A. Devaraj, Hrsg., *Gems From Bhagavan*, Tiruvannamalai (Sri Ramanasramam) 1985.

Murty, K. Satchidananda, *Revelation and Reason in Advaita Vedānta*, Delhi (Motilal Banarsidass) 1974.

Nicholson, Reynold, *The Mystics of Islam*, Harmondsworth (Penguin) 1914 [1989].

Olivelle, Patrick, *The Early Upanishads*, New York (Oxford University Press) 1998.

Om, Sadhu, *The Path of Shri Ramana*, Kanpur (The City Book House) 1971.

Organ, Troy Wilson, *Hinduism: Its Historical Development*, Woodbury, New York (Barron's Educational Series) 1974.

Osborne, Arthur, Hrsg., *The Teachings of Bhagavan Ramana Maharshi in His Own Words*, Tiruvannamalai (T.N. Venkataraman) 1971; dt. Ausgabe: *Ramana Maharshi. Seine Lehren*, München (Hugendubel) 1983.

Radhakrishnan, S., *The Principal Upanishads*, Atlantic Heights, New Jersey (Humanities Press) 1992.

Swami Rajeswarananda, Hrsg., *Erase the Ego*, Bombay (Bharatiya Vidya Bhavan) 1974.

Swami Sambuddhananda, *Vedānta Through Stories*, Bombay (Sri Ramakrishna Ashram) 1959.

Sankaranarayanan, P., *What Is Advaita?*, Bombay (Bharatiya Vidya Bhavan) 1970.

Swami Saradananda, Übers., *Sri Ramakrishna: The Great Master*, Madras (Ramakrishna Math) 1952.

Sharma, Arvind, *The Philosophy of Religion and Advaita Vedānta: A Comparative Study in Religion and Reason*, University Park, Pennsylvania (The Pennsylvania State University Press) 1995.

Sharma, Chandradhar, *A Critical Study of Indian Philosophy*, London (Rider) 1960.

Singh, Gopal, *The Religion of the Sikhs*, Bombay (Asia Publishing House) 1971.

Swami, B. V. Narashima, *Self-Realization: The Life and Teachings of Sri Ramana Maharshi*, Tiruvannamalai (Sri Ramanasramam) 1985 [1931].

Upanishaden. Altindische Weisheit aus Brāhmanas und Upanishaden, Düsseldorf/Köln (Eugen Diederichs) 1973 [1921].

Zimmer, Heinrich, *Philosophies of India*, herausgegeben von Joseph Campbell, New York (Princeton University Press) 1969; dt. Originalausgabe: *Philosophie und Religion Indiens*, Frankfurt am Main (Suhrkamp) 1973.

Anmerkungen und Quellenangaben

[1] Andrew O. Fort, *Jīvanmukti in Transformation: Embodied Liberation in Advaita and Neo-Vedānta*, Albany, N. Y. (State University of New York Press) 1998.

[2] Wilhelm Halbfass, *India and Europe: An Essay in Understanding*, Albany, N. Y. (State University of New York Press) 1988, S. 353.

[3] M. Hiriyanna, *The Essentials of Indian Philosophy*, London (George Alan & Unwin) 1949, S. 19.

[4] Ebenda, S. 152.

[5] Ebenda, S. 154.

[6] Eine gute Diskussion dieses Punktes findet sich in John Grimes, *Problems and Perspectives in Religious Discourse: Advaita Vedānta Implications*, Albany N. Y. (State University of New York Press) 1994.

[7] Ebenda, S. 156–157.

[8] Ebenda, S. 157–158.

[9] Ebenda, S. 158.

[10] Ebenda.

[11] Ebenda, S. 157.

[12] Ebenda, S. 158.

[13] Ebenda.

[14] Ebenda, S. 47–48.

[15] Ebenda, S. 159–160.

[16] K. Satchidananda Murty, *Revelation and Reason in Advaita Vedānta*, Delhi (Motilal Banarsidass) 1974, S. 40.

[17] M. Hiriyanna, *Indian Philosophical Studies*, Mysore (Kavyalaya Publishers) 1957, S. 89.

[18] M. Hiriyanna, *The Essentials of Indian Philosophy*, S. 21.

[19] Ebenda.

[20] Deutsche Übersetzung nach Robert Ernest Hume, Übersetzer, *The Thirteen Principal Upanishads*, London (Oxford University Press) 1968, S. 113–114.

[21] Thomas J. Hopkins, *The Hindu Religious Tradition*, Encino und Belmont, California, (Dickenson Publishing Company, Inc.) S. 37.

[22] Für die deutsche Ausgabe zitiert nach: *Upanishaden: Altindische Weisheit aus Brāhmanas und Upanishaden*, übertragen von Alfred Hillebrandt, Jena (Eugen Diederichs Verlag) 1921.

[23] Ainslie T. Embree, Hrsg., *Sources of Indian Tradition*, zweite Ausgabe, New York (Columbia University Press) 1988, Band I, S. 32.

[24] Ebenda, S. 33.

[25] Ebenda.

[26] S. Radhakrishnan, *The Principal Upanishads*, Atlantic Heights, New Jersey (Humanities Press) 1992, S. 696–705.

[27] Ebenda, S. 36.

[28] Ainslie T. Embree, Hrsg., *The Hindu Tradition*, New York (Random House) 1972, S. 52.

[29] Ebenda. S. 55.

[30] Ebenda, S. 55.

[31] Ebenda, S. 21.

[32] Ebenda, S. 22.

[33] Ebenda, S. 22.

[34] Ebenda.

[35] Troy Wilson Organ, *Hinduism: Its Historical Development*, Woodbury, N. Y. (Barron's Educational Series) 1974, S. 114.

[36] M. Hiriyanna, *Outlines of Indian Philosophy*, S. 378.

[37] Troy Wilson Organ, *Hinduism: Its Historical Development*, S. 114.

[38] Ebenda, S. 114–115.

[39] Chandradhar Sharma, *A Critical Survey of Indian Philosophy*, London (Rider) 1960, S. 282–283.

[40] Ich verwende hier Material, welches auch erscheint in Arvind Sharma, *The Philosophy of Religion and Advaita Vedānta: A Comparative Study of Religion and Reason*, University Park, Pennsylvania (The Pennsylvania State University Press) 1959, S. 97–99.

[41] Satchidananda Murty, *Revelation and Reason in Advaita Vedānta*, S. 81.

[42] Ins Deutsche übersetzt nach Robert Ernest Hume, *op. cit.*, S. 240–241.

[43] Für die deutsche Ausgabe zitiert nach: *Upanishaden: Altindische Weisheit aus Brāhmanas und Upanishaden*, übertragen von Alfred Hillebrandt, Jena (Eugen Diederichs Verlag) 1921.

[44] Siehe die Diskussion der Honig-Doktrin (*Madhu-Vidyā*) in R. E. Hume, *op. cit.*, S. 102–105.

[45] Für die deutsche Ausgabe zitiert nach *Die Weisheit der Upanischaden*, übersetzt und herausgegeben von Hans-Georg Türstig, Frankfurt am Main (Fischer Taschenbuch, Reihe »Spirit«) 1996, S. 59.

[46] M. Hiriyanna, *The Essentials of Indian Philosophy*, S. 157.

[47] *Die Weisheit der Upanischaden*, *op. cit.*, S. 60.

[48] Heinrich Zimmer, *Philosophies of India*, herausgegeben von Joseph Campbell, New York (Princeton University Press) 1969, S. 337–338.

[49] *Die Weisheit der Upanischaden, op. cit.*, S. 60.

[50] Patrick Olivelle, *The Early Upanishads*, New York (Oxford University Press) 1998, S. 561.

[51] S. Radhakrishnan, Hrsg., *op. cit.*, S. 462.

[52] *Die Weisheit der Upanischaden, op. cit.*, S. 61.

[53] S. Radhakrishnan, Hrsg., *op. cit.*, S. 463.

[54] *Die Weisheit der Upanischaden, op. cit.*, S. 61–62.

[55] Franklin Edgerton, »Studies in the Veda«, in *Journal of the American Oriental Society*, 35:242, 1915.

[56] *Die Weisheit der Upanischaden, op. cit.*, S. 62.

[57] Ebenda, S. 63.

[58] Im Falle mancher Feuerproben ist es möglich, eine psychologische Grundlage für das Vertrauen anzunehmen, dass ein Unschuldiger freigesprochen wird, wenn auch zu bezweifeln ist, dass dies hier zutrifft:
»Besonders interessant ist die Feuerprobe der Pflugschar, bei der der Angeklagte eine rotglühende eiserne Pflugschar mit der Zunge berühren musste. Wurde die Zunge nicht verbrannt, dann galt er als unschuldig. Dies ist psychologisch gesehen ein ziemlich stichhaltiger Test für das Vertrauen des Angeklagten in das Resultat der Probe. Fühlte er sich nämlich schuldig, dann würden seine Speicheldrüsen nicht normal funktionieren und seine Zunge würde verbrannt werden.« (A. L. Basham, *The Wonder that was India*, New Delhi [Rupa & Co.] 1999, S. 117.) Interessanterweise wird eine ähnliche Behauptung in einem ähnlichen Kontext wie in der Passage aus den Upanischaden in der islamischen Mystik aufgestellt; siehe Reynold A. Nicholson, *The Mystics of Islam*, Harmondsworth (Penguin) 1889 (1914), S. 182–183.

[59] *Die Weisheit der Upanischaden, op. cit.*, S. 63.

[60] Satchidananda Murty, *op. cit.*, S. 89.

[61] Ebenda, Kap. VI passim.

[62] Ebenda, S. 89–90 und 97.

[63] Ebenda, S. 92.

[64] Ebenda, S. 93.

[65] Ebenda, S. 93.

[66] Ebenda. S. 96.

[67] Ebenda, S. 98.

[68] Siehe Arvind Sharma, *The Philosophy of Religion and Advaita Vedānta: A Comparative Study in Religion and Reason*, S. 46–47.

69 M. Hiriyanna, *The Essentials of Indian Philosophy*, S. 160–161.

70 Ebenda, S. 59.

71 Ebenda, S. 22–23.

72 Satishchandra Chatterjee und Dhirendramohan Datta, *An Introduction to Indian Philosophy*, Calcutta (University of Calcutta), 1950, S. 382.

73 Ebenda, S. 382.

74 Ebenda.

75 Ebenda, S. 338.

76 Ebenda.

77 M. Hiriyanna, *Outlines of Indian Philosophy*, London (George Allen & Unwin) 1932, S. 370.

78 Ebenda, S. 370–371.

79 Satishchandra Chatterjee und Dhirendramohan Datta, *op. cit.*, S. 383–384.

80 Ebenda. S. 384.

81 Ebenda.

82 Ebenda, S. 385.

83 Ebenda.

84 Ebenda.

85 Ebenda, S. 386–387.

86 Ebenda, S. 388.

87 Ebenda, S. 392.

88 Ebenda.

89 Ebenda, S. 467. »Diese Schlussfolgerung wird durch die linguistischen Ausdrücke ›mein Körper‹, ›meine Sinne‹, ›mein Intellekt‹ und so weiter noch bestärkt, weil diese zeigen, dass das Selbst sich diesen Dingen (dem Körper, den Sinnen usw.) entfremden und sie als äußere Objekte behandeln kann, die vom Selbst verschieden sind. Diese können deshalb nicht als die wahre Essenz des Selbst betrachtet werden. Es stimmt zwar, dass man manchmal auch sagt ›mein Bewusstsein‹, aber solch einen Ausdruck kann man nicht wörtlich so verstehen, als implizierte er eine Trennung des Selbst (als dem Besitzer) vom Bewusstsein (als dem Besessenen). Denn wenn das Selbst versucht, sich vom Bewusstsein zu unterscheiden, dann nimmt es nur die Form eines unterscheidenden Bewusstseins an. Bewusstsein erweist sich damit als vom Selbst untrennbar und ununterscheidbar. Der Ausdruck ›mein Bewusstsein‹ muss also in einem metaphorischen Sinn verstanden werden. Das Possessivpronomen impliziert hier also nicht wirklich eine Getrenntheit, sondern vielmehr Identität oder Apposition. Wenn wir also die verschiedenen Bedeutungen von Ausdrücken, die das Selbst mit ›ich‹ und ›mein‹ zum Ausdruck

bringen, analysieren und miteinander vergleichen, dann finden wir, dass Reines Bewusstsein die wahre Essenz des Selbst ist.« (Ebenda, S. 407–408)

90 Ebenda, S. 408.

91 M. Hiriyanna, *Indian Philosophical Studies*, Mysore (Kavyalaya Publishers) 1957, S. 135.

92 Ebenda, S. 135–136.

93 Satischandra Chatterjee und Dhirendramohan Datta, *op. cit.*, S. 387.

94 Ebenda.

95 Zitiert in P. Sankaranarayanan, *What is Advaita?*, Bombay (Bharatiya Vidya Bhavan) 1970, S. 46.

96 Ebenda, S. 47.

97 Maurice Frydman, Übers., *I Am That: Conversations with Sri Nisargadatta Maharaj*, Bombay (Chetana) 1973, 1. Teil, S. 263.

98 John A. Hutchinson, *Paths of Faith*, New York (McGraw-Hill Book Company) 1969, S. 222.

99 Für die deutsche Ausgabe zitiert nach: *Zhuangzi. Das klassische Buch daoistischer Weisheit*, herausgegeben und kommentiert von Victor H. Mair, ins Deutsche übersetzt von Stephan Schuhmacher, Frankfurt am Main (W. Krüger) 1998, S. 86.

100 Ebenda, S. 84.

101 Ainslie T. Embree, Hrsg., *Sources of Indian Tradition* (zweite Ausgabe), New York (Columbia University Press) 1988, Band. 1, S. 175–176.

102 Swami Sambuddhananda, *Vedānta Through Stories*, Bombay (Sri Ramakrishna Ashram) 1959, S. 44–45.

103 A. Devaraja Mudaliar, Hrsg., *Gems From Bhagavan*, Tiruvannamalai (Sri Ramanasramam) 1985, S. 24–25.

104 Gopal Singh, *The Religion of the Sikhs*, Bombay (Asia Publishing House) 1971, S. 93–94.

105 *Talks With Sri Ramana Maharshi*, Tiruvannamalai (Sri Ramanasramam) 1984, S. 563.

106 Ebenda.

107 William M. Indich, *Consciousness in Advaita Vedānta*, Delhi (Motilal Banarsidass) 1980, S. 65.

108 Paul Brunton, *Conscious Immortality*, Tiruvannamalai (Sri Ramanasramam) 1984, S. 127.

109 Ebenda, S. 184.

110 M. Hiriyanna, *Essentials of Indian Philosophy*, S. 166.

111 Ebenda, S. 116.

[112] A. Devaraja Mudaliar, Hrsg., *op. cit.*, S. 35.
[113] Paul Brunton, *op. cit.*, S. 91.
[114] David Godman, Hrsg., *The Teachings of Sri Ramana Maharshi*, New York (Arkana) 1985, S. 53.
[115] Ebenda, S. 52.
[116] Ebenda.
[117] Swami Rajeswarananda, *Erase The Ego*, Bombay (Bharatiya Vidya Bhavan) 1974, S. 39.
[118] A. Devaraja Mudaliar, Hrsg., *op. cit.*, S. 17.
[119] Swami Rajeswarananda, Hrsg., *op. cit.*, S, 55.
[120] Arthur Osborne, Hrsg., *The Teachings of Bhagavan Ramana Maharshi in his Own Words*, Tiruvannamalai (T. N. Venkataraman) 1971, S. 249.
[121] Ebenda, S. 228.
[122] T. M. P. Mahadevan, Übers., *Who Am I?*, Tiruvannamalai (Sri Ramanasramam), 1985, erstmals 1935, S. 20.
[123] Sadhu Om, *The Path of Shri Ramana*, Kanpur (The City Book House) 1971, S. 28.
[124] Ebenda, S. 32.
[125] David Godman, Hrsg., *op. cit.*, S. 158.
[126] Sadhu Om, *op. cit.*, S. 26.
[127] Ebenda, S. 46.
[128] Swami Saradananda, *Sri Ramakrishna: The Great Master*, Madras (Ramakrishna Math) 1952, S. 128–129.
[129] Für die deutsche Ausgabe zitiert nach: Heinrich Zimmer, *Der Weg zum Selbst. Leben und Lehre des Shrī Ramana Maharshi*, Düsseldorf/Köln (Eugen Diederichs Verlag) [3]1979, S. 23–25.
[130] Paul Brunton, *op. cit.*, S. 68.
[131] J. Krishnamurti, *On Truth*, San Francisco (HarperSanFrancisco) 1995, S. 24–29.
[132] T. M. P. Mahadevan, *Outlines Of Hinduism*, Bombay (Chetana Limited) 1971 [1956], S. 141.
[133] Ebenda.

Personen- und Sachregister